"中小学主题班会教程"系列班会案例

小学系列班会课

(Ⅰ)

卜恩年 秦望 主编

中原出版传媒集团
中原传媒股份公司

大象出版社

·郑州·

图书在版编目(CIP)数据

小学系列班会课. Ⅰ/卜恩年,秦望主编. — 郑州：
大象出版社,2020.1(2022.11重印)
ISBN 978-7-5711-0333-0

Ⅰ.①小⋯　Ⅱ.①卜⋯ ②秦⋯　Ⅲ.①班会-小学-
教学参考资料　Ⅳ.①G625.5

中国版本图书馆 CIP 数据核字(2019)第 211357 号

小学系列班会课　Ⅰ

XIAOXUE XILIE BANHUI KE　Ⅰ

卜恩年　秦　望　主编

出 版 人	汪林中
责任编辑	梁金蓝
责任校对	张迎娟
装帧设计	王　敏

出版发行　**大象出版社**(郑州市郑东新区祥盛街 27 号　邮政编码 450016)
　　　　　发行科　0371-63863551　总编室　0371-65597936
网　　址　www.daxiang.cn
印　　刷　辉县市伟业印务有限公司
经　　销　各地新华书店经销
开　　本　720 mm×1020 mm　1/16
印　　张　12
字　　数　182 千字
版　　次　2020 年 1 月第 1 版　2022 年 11 月第 2 次印刷
定　　价　29.00 元
若发现印、装质量问题,影响阅读,请与承印厂联系调换。
印厂地址　辉县市北环中段
邮政编码　453600　　　　　电话　13949630555

本书编委会

主　编

卜恩年　秦　望

副主编

刘习洪　凌　善　杨　兵　华林飞

编　委

庄曾曾　皮金梅　芦　珊　付　静
李春华　凌　善　张　晶　孙　伟
付秋燕　严茵茵　李巧清　张小娟
郭　蕾　杨晓楠　樊　云　黄　宁
沈华英　邓秀娟　陈伟花　唐秀春
潘　敏　房雪瑶　周　建　石玉兰
莫燕玲　曾苑玲　彭翠莲

专注班会十余载，开创研究新时代

——为8+1班主任工作室喝彩

300多节班会，90个主题，10本班会教学参考书，全国各地100余位班主任参与编写，这是一组多么令人振奋的数字。

序列化、系列化、阶梯化、实用化四大鲜明特点，把班会研究推到一个新时代。

这是哪个部门主持的宏大项目？有人告诉我，这不是行政部门组织的，它是民间学术团队的自发行为。

我是业已退休的老班主任，乐于扶持青年班主任成长，我与秦望老师结识近十年了，那时他们的校本团队还处于起步阶段，我编书时经常向他们约稿。我知道他们专注于班会研究，没想到十年间星星之火渐成燎原之势，他们创办了《班会月刊》，合作建设"班会网"，组建了全国性的班会研究团队，制定民间版的"班会课程标准"。在丁如许老师的"魅力班会课"方法论、案例卷、对策集、教案选书系列的基础上推出小学、初中、高中班会教学参考书、实操手册系列，我为他们的成绩喝彩，为他们的进步欢欣鼓舞。

是什么原因让他们取得如此巨大的成绩呢？

一是梦想。他们推崇杨昌济的"欲栽大木拄长天"，立志要培养这样的人：有远大的理想并能执着追求的人；积极阳光、永不抱怨、心存感恩的人；品德高尚、心胸宽广的人；有着丰富的情感，懂得爱自己，也能爱别人的人；让别人幸福，自己也很幸福的人；博学多才的大师、能人；有中国灵魂、世界眼光的现代人。要想让学生有远大的梦想，老师应该先有美好的教育理想。很难设想，一个没有上进心、不具备终身学习意识的班主任如何能够培养出出色的人才。

因此，他们说，我们每个人都是一名"学者"，与时俱进，活到老，学到老。我们共同追求这样的境界：远离浮躁，追求宁静；远离肤浅，追求丰盈；远离低俗，追求高贵；远离专制，追求民主；远离私情，追求公正；远离平庸，追求卓越。用爱心温暖爱心，用智慧启迪智慧，用人格塑造人格；为学生的终身幸福，为学校的持续发展，为民族的伟大复兴，为中国的未来崛起，培养高素质的公民。

二是热爱。我去济源市第一中学讲学，看到8+1班主任工作室墙壁上的共同宣言："我们都是普通的人，但对教育事业的热爱让我们不甘于普通；我们都是平凡的教师，但对学生的热爱让我们不甘于平凡。行动起来，我们共同倾听专家和同伴的声音，我们共同追寻教育的理想和真谛，我们共同书写人生的幸福和美丽！"我知道他们的工作是非常繁重劳累的，工作时间长，压力大，但他们仍然背着重负跳舞，没有对事业的热爱是无论如何也撑不住如此重负的。著名作家路遥说："只有初恋般的热情和宗教般的意志，人才有可能成就某种事业。"他们用自身的行动诠释了这样的道理：教师应该做理想主义者。这是教育本身的内在要求，它需要有追求完美人格的精神、海纳百川的胸襟、追求卓越的品质、天人合一的情怀、自强不息的意志、敢为人先的魄力、诚信公正的操守、浪漫时尚的气质、白璧无瑕的品格。所以有人说，教育需要信徒和殉道者来朝圣，需要肉体的投入、灵魂的参与和精神生命的支撑。

因为他们心中有火一般的对教育事业的热爱，所以他们能够以充沛的精力、满腔的热情去奋斗、去拼搏、去追求。美国作家德士特·耶格、约翰·马森在《追求》一书中写道："人生最重要的就是找到值得追求的梦想——当实现这个梦想后，再追求更大的梦想。追求改变一切，追求会让你心驰神往，让你能量倍增，让你精力集中，带给你不可思议的收获。"事业心是他们十年前行的航向标，追求是班主任巨大的动力源。班主任需要高扬追求的大旗。在逆境中，只要这面大旗在，什么困难都不在话下，就有希望，就能转败为胜；在顺境中，只要这面大旗在，就不会沉溺于纸醉金迷、花前月下。班主任高扬追求这面大旗，就能攀上更高的险峰。我们或许没有理想的生活，但是我们要有生活的理想。只要有追求，心中就会涌动希望的浪花，即使在滴水成凌、百花凋敝的数九隆冬，也能感觉到春天的脚步。

三是专注。秦望说："成功的路上地广人稀，因为能坚持下来的人太少。"何谓"8+1"？"8"指的是工作时间，"1"指的是业余时间。"工作时间决定你的现在，业余时间决定你的未来。"团队成员要在工作时间一心一意，在业余时间多读一点，多思一点，多写一点，多研一点。他们坚持群体修炼"十大行动"：扎实开展阶梯阅读活动，坚持多种模式日常研修，建设德育课程资源库，编写工作室读本系列，实施三年师生共读计划，探索工作室亲子教育，实现师生共写日志周记，开发课程培养团队专家，扩大对外学术交流，搭建工作室网站平台。他们还坚持个体修炼的"十项功课"：每天坚持谈诵听读写、每月读一本班主任杂志，每学期看一部教育影视片，每学期听一次专家讲座，每个月上一节精品班会，每星期做一次心理辅导，每星期写一篇教育随笔，每学期做一次主题演讲，每学年写一篇德育论文，每学年做一次文化旅行。正是由于长期坚持修炼，十年如一日做功课，他们才能走到今天。

格拉德威尔在《异类》中提出"一万小时定律"。他认为，人们眼中的天才之所以卓越非凡，并非天资超人一等，而是付出了持续不断的努力。一万个小时的锤炼是人从平凡变成超凡的必要条件。写出《明朝那些事儿》的当年明月，5岁开始看历史，11岁之前读了7遍《上下五千年》，11岁后开始看"二十四史"和《资治通鉴》，然后是《明实录》《清实录》《明史纪事本末》《明通鉴》《明汇典》和《纲目三编》。他陆陆续续看了15年，总共看了6000多万字的史料，每天都要学习2小时。把这几个时间数字相乘，15年乘2小时再乘360天，等于10800小时。所以在海关工作的他，白天当公务员，晚上化身网络作家，在电脑前码字。

秦望经常说自己很笨，记得郑学志老师也经常说自己不聪明。可正是这些"笨人"，十年专注于一件事，郑学志团队专注自主教育，秦望团队专注班会研究，他们分别在自己的领域取得了骄人的业绩。

班会研究大有可为！需要更多的班主任朋友接替我们老一辈的班，相信你们一定会超越我们。

我相信秦望主持的8+1班主任工作室的研究能力，郑重向大家推荐这套书，同时希望更多的青年班主任立下教书育人的宏图大愿。

张万祥

（作者为德育特级教师，享受国务院特殊津贴专家）

打造班会教学参考书

近几年全国的班会研究蓬勃发展，国家政策指明方向，媒体搭建信息平台，赛课活动红红火火，学校课表开设课程，团队合作态势喜人，个体探索百花齐放。但是，班会课仍存在很多问题，诸如学校或班主任理念错位，把班会课变成了补充课、自习课、测验课、通知课、训话课、总结会、布置会；个体研究缺失，导致班会课老生常谈、主题随意、内容陈旧、形式单一、参与度低、收效甚微；受班主任专业素养的限制，如知识视野、思想方法、审美情趣、文化品位、表达沟通、组织协调等，班会课魅力未能尽显；等等。

班会分类莫衷一是，不方便老师学习。我认为，班会有广义和狭义之分。狭义班会指的是主题教育课，是在班主任的主导下，全体学生共同参与，为解决班级中的教育问题，围绕某一主题而实施的班级教育活动。而广义班会是指班级中由老师或学生组织的各类主题会、交流会、报告会、联欢会、朗诵会、演讲赛、辩论会、技能赛、团队会、节庆会、家长会等班级活动。这种定义方法更注重班会功能的发挥，而非学术概念的严谨，方便一线老师操作。

班会技巧五花八门，不利于老师掌握。主题班会设计与实施要有计划性、针对性、有效性、主体性、艺术性；要做到亲、小、近、新、活、趣、实。其形式要多种多样，如师生对话、小组讨论、观看视频、情景思辨、活动体验等。从导入到具体环节到最后总结，凤头猪肚豹尾，布局谋篇颇费思量，素材搜集花尽功夫。目前，案例类班会书为数不少，能够满足老师研习需要。但众所周知，班主任是学校最忙的群体,"哪来时间研读"?"设计谈何容易"!这实际上是由于缺少一套班主任拿来就能借用的班会教学参考书。

我是一名班会爱好者,读了几十本班会书籍,看了数百篇班会论文,主持8+1班主任工作室,专注班会14年。团队搜集分类的班会素材数据量达2TB,创办了《班会月刊》杂志,合作建设"班会网",参与了丁如许、迟希新、冯卫东等主持的全国几十场班会现场研讨活动和多种班会书的编写,培养了一大批青年才俊。笔者所在学校河南省济源第一中学非常重视班会课,每年举办班会研讨会,每周举行班会公开课,即便如此,开班会时仍有人有畏难情绪。在这个过程中,我们逐渐认识到,单独一节班会课无论如何精彩,仍处于零敲碎打状态,对学生成长和班级发展所起的作用有限。教育主管部门的班会课程标准尚未出台,班会课只能在老师的摸索中跟着感觉走。

一个操作性强的班会课程体系,一套实用的班会教学参考书的出炉是众人所需。于是,我们在14年实践研究基础上,群策群力,召开多次研讨会,全国上百位班主任参与设计了"中小学主题班会教程"系列班会案例。它有四大鲜明特点:

1. 序列化。按时间顺序,依工作安排和学生成长规律,从入学第一课到毕业后的最后一课,贯穿整个学段三年或五年、六年的历程。

2. 系列化。每个学期分若干个主题,每个主题下依主题内涵设计若干节相关内容的班会,涉及学生成长与班级建设的方方面面。

3. 梯度化。比如教师节话题,高一侧重于理解、体谅、感恩初中老师;高二侧重于感谢现在的老师;高三侧重于在老师的理想、境界、胸怀的感染下,和老师一起奋斗。比如感恩话题,小学六年共设计了六节对亲人感恩的班会,从对父母的感恩扩展到对老师、同学、朋友、学校、祖国的感恩;从被动的感恩到主动的感恩的境界;从单纯的感恩上升到思考母爱的本质,如何修复不良亲子关系;等等。

4. 实用化。每周一课的班会设计,务求简洁、易借鉴,并提供班会课件和链接素材。这些班会都是在上课的基础上打磨而成,着力于班级和学生现实问题及长远发展。

这套丛书共计10本,小学、初中、高中各三本,外加一本实操手册,将向大家揭示班会的功能：班会是师生共同的精神生活；班会是师生真情的投入过程；班会是和谐关系的桥梁纽带；班会是解决问题的重要载体；班会是文化建设的多彩空间；班会是凝聚集体的最佳途径；班会是价值引领的舆论阵地；班会是学生成长的关键事件；班会是自我教育的有效方式；班会是教育素养的集中展现。

本次出版的是《小学系列班会课》（Ⅰ、Ⅱ、Ⅲ）三本，设计体系如下：

学期	月份	主题	话题	标题
一年级上学期	9	适应	青青校园	你好，我的新家！
			温馨班级	我爱我家
	10	成长	茁壮成长	小小手儿最能干
			文明说话	有话，我会好好说
	11	习惯	我型我秀	秀秀我的好习惯
			自我整理	哭泣的小花猫
	12	集体	身边榜样	班有小明星
			从小做起	巧手变奏曲
	1	学习	岗位锻炼	小小红领巾来上岗
			勇争第一	学习，我有金点子
一年级下学期	3	文明	微笑问好	校园里，请学会微笑
			迷人风采	巧手小展示
	4	足迹	榜样引领	先烈，是一面飘扬的旗帜
			崇尚英雄	清明诗歌记心中
	5	自护	岗位自主	红领巾飘起来
			自理自护	我掉了一颗牙
	6	行走	美好世界	大眼看世界
			多彩童年	我的多彩童年

续表

学期	月份	主题	话题	标题
二年级上学期	9	尊师	暑期回顾	暑假,"牛仔"很忙
			我爱老师	您好,老师!
	10	岗位	小岗大得	我的岗位我做主
			能力展示	我来露一手
	11	阅读	书上有路	从一本书说起
			陪伴引领	童话伴我们成长
			快乐阅读	我读书,我快乐
	12	自护	自护有方	陌生人来了
	1	成长	自立自强	我相信,我能行
			生存挑战	我学会了洗手
二年级下学期	3	文明	礼仪交往	校园礼仪对对碰
			学会赞美	我最喜欢的人
	4	传承	家风传承	清明传家风,故事我来说
			足迹寻访	先烈的足迹我寻访
	5	欢乐	欢乐世界	我的欢乐童年
			生活难忘	再见,二年级!
	6	远足	山河秀美	小脚丫走四方
			家乡如画	家乡小导游
三年级上学期	9	规划	确立目标	新学期,星计划
			集体建设	我是班级小主人
	10	节约	岗位锻炼	班级岗位我能行
			节约光荣	唱响节约之歌
	11	尊重	沟通理解	懂得尊重
			尊重他人	猜猜他是谁
	12	学习	阅读脚步	书的魅力,与你共享
			良好习惯	向不交作业说再见
	1	安全	有序活动	课间,我们怎么玩
			安全保障	户外活动,安全常伴

续表

学期	月份	主题	话题	标题
三年级下学期	3	自信	自信成长	自信助我成长
			接受挫折	笑对挫折
	4	传承	传承精神	革命故事我来讲
			自省自悟	再见，我的坏习惯朋友！
	5	成长	小鬼当家	小鬼当家
			仪式庄重	今天我十岁啦
	6	欢乐	六一飞歌	快乐六一，童心飞扬
			快乐脚丫	快乐的暑假
四年级上学期	9	尊师	表露心声	老师，我想对您说
			师恩难忘	师恩难忘
	10	岗位	我学我乐	我是学习的小主人
			岗位历练	小岗位，大收获
	11	阅读	书香童年	书香浸润童年，好书伴我成长
			好书世界	晒晒我的小书柜
	12	友谊	友谊小船	友谊的小船
			科学探索	品味科学，创意无限
	1	梦想	社区服务	我是社区志愿者
			梦想起飞	张开梦想的翅膀
四年级下学期	3	安全	食品安全	食品安全我知道
			班级争光	我为班级添光彩
	4	传承	清风徐来	走近清明
			精神传承	我心中的英雄
	5	家国	家国天下	国家大事知多少
			绿水青山	青山绿水家乡美
	6	班风	规章制度	无规矩，不成方圆
			我爱我班	再见，四年级！

续表

学期	月份	主题	话题	标题
五年级上学期	9	岗位	责任在肩	小岗位，大责任
			目标路径	整理，从做小事开始
	10	法制	法在心中	法在我心中
			远离网络	网络！网络！
	11	低碳	低碳生活	低碳生活，从我做起
			绿水青山	呼唤明天的绿色
	12	青春	男生女生	男生女生对对碰
			精彩课外	辅导班，想说爱你不容易
	1	交流	学会倾听	学会倾听，养成习惯
			经验分享	学习经验交流会
五年级下学期	3	沟通	讲究礼仪	说话，要讲究文明礼貌
			沟通技巧	有话好好说
	4	传承	崇尚英雄	革命故事我来讲
			致敬国旗	向国旗敬礼，为队旗添彩
	5	诚信	播种诚信	从范冰冰说起
			诚信为本	诚信之花处处开
	6	环保	山美水美	巴东是我家，我们都爱她
			环保先行	争当环保小卫士
六年级上学期	9	母校	梦想起航	感恩母校，梦想起航
	10	恩师	内省顿悟	感恩成长，拥抱未来
	11	岗位	岗小责大	小小岗位，人人有责
			致敬经典	向经典致敬
	12	阅读	精神史诗	书籍——我的穿越宝器
	1	心态	成长烦恼	成长的烦恼有方法
			阳光心态	阳光心态看"影视"

续表

学期	月份	主题	话题	标题
六年级下学期	3	人生	笑对挫折	笑对挫折
			男生女生	男生VS女生
	4	代言	科学无限	走近科学
			精彩代言	我做祖国的代言人
	5	足迹	成长点滴	我的成长足迹
			青春飞扬	走向毕业的成长之旅
	6	远方	美好愿景	展望我的初中生活

  54个主题，每个主题书中均有解读。主题内涵是什么？围绕主题是怎么设计系列班会话题的？每节班会均有清晰的环节，流畅的串词，核心的内容。小学六年全程班会，虽然每一节不一定都精彩，但只要扎扎实实开下来，100多节课的积累，必将撑起班级的高度、学校的厚度、学生的宽度、老师的深度。当然，每位班主任个性不同，有的探索了自己的班会课程系列，这毕竟是极少数，即便如此，这套书也能带给你一些有益的启发。

  由于"工程"量太大，错漏之处敬请指正。对班会研究尽一份责任，让班会散发出应有的魅力，使班会成为学生期待的一节课，为改善中国教育尽一份心力，我们一起努力，是一件非常开心的事情。

  更多资源，请加入8+1工作室（QQ群研修平台：31200058，或微信公众号：8jia1）或百度搜索"班会网"获得。反馈意见，请发邮箱：726801809@qq.com。

秦望

目 录

一年级

9月：适应
1. 你好，我的新家！　　庄曾曾　　　　　　　　　　3
2. 我爱我家　　皮金梅　　　　　　　　　　　　　　6

10月：成长
3. 小小手儿最能干　　芦珊　　　　　　　　　　　　10
4. 有话，我会好好说　　8+1班会小学组　　　　　　14

11月：习惯
5. 秀秀我的好习惯　　付静　　　　　　　　　　　　20
6. 哭泣的小花猫　　庄曾曾　　　　　　　　　　　　24

12月：集体
7. 班有小明星　　李春华　　　　　　　　　　　　　27
8. 巧手变奏曲　　8+1班会小学组　　　　　　　　　33

1月：学习
9. 小小红领巾来上岗　　凌善　　　　　　　　　　　38
10. 学习，我有金点子　　张超　　　　　　　　　　41

3月：文明
11. 校园里，请学会微笑　　付静　　　　　　　　　44
12. 巧手小展示　　付静　　　　　　　　　　　　　49

4月：足迹

  13．先烈，是一面飘扬的旗帜　　张晶　　53

  14．清明诗歌记心中　　芦珊　　57

5月：自护

  15．红领巾飘起来　　孙伟　　61

  16．我掉了一颗牙　　付秋燕　　65

6月：行走

  17．大眼看世界　　严茵茵　　69

  18．我的多彩童年　　李巧清　　73

二年级

9月：尊师

  1．暑假，"牛仔"很忙　　张小娟　　79

  2．您好，老师！　　郭蕾　　86

10月：岗位

  3．我的岗位我做主　　杨晓楠　　91

  4．我来露一手　　樊云　　96

11月：阅读

  5．从一本书说起　　黄宁　　102

  6．童话伴我们成长　　沈华英　　105

  7．我读书，我快乐　　邓秀娟　　110

12月：自护

  8．陌生人来了　　陈伟花　　114

1月：成长

  9．我相信，我能行　　唐秀春　　118

  10．我学会了洗手　　卜恩年　　126

3月：文明

    11. 校园礼仪对对碰　　潘敏　　　　　　　　　　130

    12. 我最喜欢的人　　房雪瑶　　　　　　　　　　136

4月：传承

    13. 清明传家风，故事我来说　　周建　　　　　　141

    14. 先烈的足迹我寻访　　石玉兰　　　　　　　　147

5月：欢乐

    15. 我的欢乐童年　　莫燕玲　　　　　　　　　　153

    16. 再见，二年级！　　曾苑玲　　　　　　　　　156

6月：远足

    17. 小脚丫走四方　　彭翠莲　　　　　　　　　　160

    18. 家乡小导游　　郭蕾　　　　　　　　　　　　163

我有一个梦想（代后记）　　秦望　　　　　　　　　168

一年级

适应
成长
习惯
集体
学习
文明
足迹
自护
行走

一年级

一年级的同学是学校的新兵,由于年龄较小,面对陌生的环境,接受能力差,过多的言语教导难以取得实效,因此每一个班会主题都要落到实处,每一项举措都要从细处着眼。

一年级的班会就从适应开始:认识自己,熟悉学校,养成习惯,走进集体,感受身体的细微变化,戴上红领巾……一年级的孩子们虽然还有些懵懂,但仍然拥有如诗如画的七彩童年。

9月：适应

1. 你好，我的新家！

◎ 江苏省扬州市邗江区蒋王小学　庄曾曾

[班会背景]

一年级的孩子刚离开熟悉的幼儿园，开始了令他们憧憬的小学生活。但是他们对学校并不了解，对周围环境还很陌生。在一个陌生的环境里，学生既没有安全感，又难以做到安心、认真学习。因此，让一年级的孩子快速适应小学生活，熟悉陌生的环境，认识老师和同学，建立良好的师生关系以及学生与学生之间的和谐关系尤为重要。这样就为学生的健康成长，夯实了第一块地基。

[班会目的]

1. 让孩子们认识自己的班主任以及任课老师。

2. 让孩子们熟悉学校环境，进而热爱、喜欢这个地方。

3. 让孩子们互相认识，知道自己是这个新集体的一员，初步感受集体的温暖。

4. 让孩子们通过视频了解学校常规，知道一些必要的规矩，为成为一名合格的小学生奠定基础。

[班会流程]

一、看看我们的学校

1. 美丽校园初印象（图片介绍，配上背景音乐）。

今天，我们先来认识一下这所学校吧！宝贝们也一定看到了，这是一座很漂亮的学校，有美丽的鲜花，干净的操场，宽敞的教室，还有可亲的老师，可爱的小朋友。大家喜欢我们这个大家庭吗？照片上的这些景点又在校园的什么地方呢？请大家跟着我一起去看一看吧！

2. 实地游览再印象。

（高年级小导游介绍）

按照事先设定的线路，15分钟内游览完学校的7大景点，配以简单的解说。

3. 美丽校园留印象。

小朋友，你最喜欢我们学校的哪一个景点呢？你是如何记住这一个景点的呢？

（小组交流，挑选一两个学生上台交流，给予小礼物奖励）

以后就让我们在这里好好学习吧，你们有信心把自己变得更棒吗？

二、认识我们的老师（播放背景音乐《相逢是首歌》）

1. 班主任自我介绍。

亲爱的孩子们，你好！首先允许我做一个自我介绍：我是你们的数学老师，也是你们的班主任，还是你们的大朋友，大家以后可以叫我庄老师。很高兴认识你们，非常欢迎你们来到扬州市邗江区蒋王小学来上一年级，从今天起你们就是一名光荣的小学生了，祝贺你们。我们用掌声欢迎一下自己。（老师和学生鼓掌庆贺，也可以选择集体跳跃欢呼一次）

2. 认识一下语文老师。

站在我身边的这位老师是谁呢？想不想认识这位美女老师呢？（想）那我们就用掌声来欢迎凌老师！（语文老师自我介绍）

3. 认识其他的任课老师。

今天来参加我们班会的还有很多老师，也让他们来一次自我介绍吧！请同学们用掌声欢迎。（音乐、体育、美术等，这些老师的介绍需要带着学科特点，事先需要做好准备）

（学会用掌声来欢迎、致谢，这是入学礼仪中的第一步，这需要提醒学生反复去做，直至他们养成习惯）

认识了我们的老师，记住都叫什么老师，今后就要说某某老师好。

三、记住我们的同学

1．我是谁我来说。

接下来你们也来做个自我介绍吧！声音洪亮一些，说说你叫什么名字，让老师和小朋友记住你，好吗？（学生依次自我介绍）

2．我和同桌握个手。

小朋友，你记住了哪一个？你是怎么记住的呢？

看看我们的同桌是谁。来，我们握个手吧！（全班同学站起来相互握手，致谢对方）

3．拍下第一张集体照。

邀请全体老师和同学一起拍下第一张集体照，并上传到班级群。（这是一张十分珍贵的照片，建议保存至这个班级毕业）

四、我要做一名小学生

孩子们，老师很高兴能和你们一起学习，从此（4）班教室就是我们共同的家了，你们想成为一名好学生吗？

观看视频《好孩子》（安全篇；礼仪篇；习惯篇；学习篇）

五、实地参观老师的办公室

初步了解每一个办公室的用途、老师的位置，方便学生找到老师。

六、总结谈话

好，今天老师就说这几点，你们记住了吗？老师相信，这几点一定难不倒你们的，因为你们都是聪明的孩子，对吗？最后，我想请孩子们跟我一起大声说：我是小学生，我光荣，我骄傲；我是小学生，我要好好学习，天天向上；我在邗江区蒋王小学一（4）班，这里就是我的第二个家，我们一起加油！（背景音乐《相亲相爱一家人》）

9月：适应

2．我爱我家

◎ 江苏省扬州市邗江区蒋王小学　皮金梅

[班会背景]

对于一年级学生来说，班级是什么，他们并没有一个清晰的概念，提出过高的目标，学生显然无法达到，但是班集体的建设必须从入学的第一天就开始，而且每一个班主任都要把它当作重要的一点去做。首先要让学生感到班级就是一个温暖的大家庭，在这里能够幸福快乐地学习；其次要让学生在活动中体验到集体的来之不易，从而更加珍惜这个集体。

[班会目的]

1．通过本次班会，进一步规范学生的行为，使学生树立班荣我荣、班衰我耻、团结一心的观念，在今后的学习生活中以实际行动为班集体增光添彩。

2．通过本次班会，培养同学们团结友爱的精神，激发他们热爱班集体的情感，朝着争创优秀班集体的目标前进。

[班会流程]

一、谈话导入

1．谈话。

一滴水，只有放进大海才不会干涸；一个人，只有融入集体才能更好地成长。今天我们来上一节班会课，让我们发挥自己的才智，发挥我们集体的力量，深刻地去感受，努力地去思考，认真地去总结，相信同学们一定会有很多收获。

2. 主持人上台。

甲：茂密的森林是小鸟的家。

乙：蔚蓝的天空是白云的家。

甲：广阔的牧场是牛羊的家。

乙：清澈的河流是鱼儿的家。

合：而我们的家，就是这宽敞明亮的教室，就是这充满爱的集体。

甲：这个家，有我，有你，有他。

乙：我们在互帮互助中茁壮成长！

甲：这个家，有37位同学与老师朝夕相处。

乙：我们在爱的阳光下快乐长大。

合："我爱我家"主题班会现在开始。

二、装扮"班级树"

甲：瞧！教室的墙上有一棵树，但是它只有粗壮的树干，没有枝叶，这样的大树好看吗？让我们一起在音乐声中来装扮它吧！

（学生用自制的"树叶"装扮班级树）

乙：多漂亮的班级树呀，我们每个同学就是大树上的绿叶，哪一片树叶是你呢？有谁愿意上来介绍一下自己呢？

（几位同学自我介绍）

三、让故事说话

甲：首先请仲司琦同学给我们讲一个故事——《一滴小水珠》，大家欢迎！

（1）故事一：《一滴小水珠》。

有一滴小水珠，从来没有离开过大海的怀抱，它对外面的世界非常好奇。一次偶然的机会，它被抛到了高处，刚被抛到高处时还有些害怕，渐渐地，它就被眼前的情景吸引住了。炫目的阳光、亮丽的彩虹、湛蓝的天空，它陶醉了，没想到空中的景色这么美！小水珠在微风的吹拂下飘呀飘，忘却了一切。这时，传来了海妈妈焦急的声音："小水珠，快回来，太阳会把你晒干的！"小水珠满不在乎地回答："妈妈，我再玩一会儿，这里太美了……"

还没等它说完，一束强烈的阳光照过来，小水珠瞬间消失得无影无踪。

（提出问题）

甲：同学们，谁来说一说，为什么小水珠离开大海的怀抱后，会马上消失呢？如果小水珠不想在这个世界上消失，它该怎么办呢？（生开展讨论）

乙：是啊，小水珠的力量太单薄，无法抵御强烈的太阳光，很容易被蒸发掉。但回到大海就不一样了。那里有无数的小水珠，它们紧紧团结在一起，共同抵御太阳光，没有那么容易被蒸发掉。同学们，我们个人与班集体的关系不正像小水珠与大海的关系吗？

甲：下面请再欣赏一个大雁的故事。

（2）故事二：《大雁的故事》。

每当北雁南飞时，我们就会看到大雁排着整齐的队伍翱翔在天空。它们时而变换成一字形，时而又变换成人字形，整个雁群形成了独特的团队操作。其实大雁是很聪明的，因为这正是对气流学、浮力学的巧妙运用，雁群齐飞要比每只雁单飞至少减少29%的飞行阻力。每当领队的头雁疲倦时，它会自然退居到侧翼，由另一只雁接替，继续飞行。飞行在最后的两只雁不时地发出有节律的叫声，与前面的头雁保持沟通。大雁看似孤傲，实际上却十分细心体贴。当某只雁生病或者受伤不得不脱队时，必定有两只雁自行留下，跟随陪伴它。无论风吹雨打艰难困苦，它们都不离不弃，直到那只雁痊愈，它们才会一同去追赶前方的队伍，向预定的目的地继续飞翔。

甲：这就是大雁的故事，听过故事大家有什么感受？

乙：通过大雁的故事，我们意识到：一个人的力量是有限的，只有融入集体，互相帮助，团结协作，才能更好地战胜困难，取得成功。

四、开展活动，感受集体荣誉

1. 分组开展拔河比赛，学生交流感受。

2. 无论是比赛还是做一件事都需要团结合作。班里这么多的绿色植物，怎样才能养好它们？

3．生讨论。

（1）白天，每人搬一盆植物出去晒太阳，放学时再搬回教室。

（2）每天一个人轮流给花浇水。

（3）定期给花儿施肥。

甲：班级是我家，团结靠大家。人心齐，泰山移！只要我们团结起来，所有的困难都会迎刃而解。同学们，团结就是力量。

4．设计班级名片。

出示名片：班级名称；班级特色；班级座右铭；班徽。

学生分组设计，分组展示，确立班级名称、班级特色、班级座右铭、班徽。

五、活动升华

甲：我们这个班幸福快乐、温馨和谐，我们都爱这个充满爱的大家庭，下面请欣赏诗歌朗诵《我爱我家》。（生集体朗诵）

我爱我家，因为我是她其中的一员。

她是我成长的摇篮，她让我有了无数伙伴。

我爱我家，因为她给我带来无限的温暖。

她是我温馨的家园，她让我体会到了友爱的甘甜。

集体宣誓：在集体的怀抱中，我们团结一致，创造一个个新的辉煌。班级有我更精彩，我为班级添光彩。

10月：成长

3．小小手儿最能干

◎ 黑龙江省哈尔滨市香坊区风华小学　芦珊

[班会背景]

现在的家长太溺爱孩子，导致孩子的动手能力减弱，自理能力下降。针对这种现象，应教育学生自己的事情要自己做。学生进入学校已有一段时间，熟悉了校园生活，学生每天上学也有整理书包的经历，培养学生整理书包的能力，养成自己的事情自己做的良好习惯。本次活动课以儿童的生活为基础，从而培养他们养成品德良好、乐于探究、热爱生活的习惯。

[班会目的]

1．在活动中让学生初步认识到自己的事情要自己做，养成自己的事情自己做的好习惯，初步培养小学生的独立意识，让学生成为自己生活中的小主人。

2．在实践中让学生学会用自己的双手去帮助他人，逐步培养学生关爱他人的品质。

[班会流程]

一、猜谜导入

1．出示谜语。

一棵树，五个杈，不长叶子不开花。你们猜猜这是什么。（手）

十个小朋友，五个在左，五个在右，只会做事，不会开口。猜出来了吗？（也是手）

2. 主持人：是啊，我们每个人都有一双手，你认识自己的手吗？

教会学生认识每个手指的名称。

3. 可别小看我们的手，它的作用大着呢！

请听儿歌朗诵《人有两个宝》。

4. 儿歌朗诵《人有两个宝》。

  人有两个宝，双手和大脑。

  双手会做工，大脑会思考。

  用手又用脑，才能有创造。

二、小小手儿最能干

（一）自己的事情自己做

1. 画画你的小手。

（1）小刚：（出示卡纸剪下来的手）小朋友，这就是我的一双小手，画得不赖吧！你们能用自己喜欢的方式画一画自己的小手吗？

（2）学生按照自己喜欢的方式画下小手。

（3）交流评价：拿一些同学画出来的双手展示给大家看，表扬优秀作品。

2. 夸夸你的小手。

（1）合唱歌曲《我有一双能干的手》。

主持人：我们的手不仅能描绘出美丽的图案，还能干好多好多的事呢！想一想，我们的双手还能做些什么呢？

（2）学生发言说手的作用。（画画、剪纸、扫地、写字、穿衣服、系鞋带……）

（3）出示课件：小朋友在洗自己的鞋袜、铺床、系鞋带……

（4）主持人：图上的小朋友在干什么呢？你有没有做过这些事情呢？（学生发言）

（5）小刚：同学们平时做得真好，接下来，我给大家带来一首儿歌（课件出示《我有一双小小手》）：

我有一双小小手，
　　一只左来一只右。
　　小小手，小小手，
　　一共十个手指头。
　　我有一双小小手，
　　能洗脸来能漱口。
　　会穿衣，会梳头，
　　自己事情自己做。

　　(6) 主持人：小刚说得真好，自己的事情要自己做！

3．赛赛你的小手。

　　(1) 系鞋带比赛。

　　(2) 整理书包比赛。

　　(3) 宣布获奖的学生，为他们颁奖。

　　(4) 心灵手巧是我们的天赋，爱动脑筋是我们的本能，让我们一起走进美妙、精彩的手工世界吧！学生学习剪窗花，比一比谁剪的窗花最漂亮。学生用自己剪的窗花装饰教室。

　　(二) 帮助他人快乐多

　　我们都有一双小巧手，我们要养成自己的事情自己做的习惯，还要主动帮助家长做一些力所能及的事情，做生活中的小主人。

　　下面请同学们说一说，你在家里是怎样做的？（组织几名同学发言）

　　1．你们勤劳的双手除做自己的事情以外，还为别人做过事吗？

　　2．学生讨论回答。

　　3．主持人总结：你们这么小就会关心他人，看来大家都是听话懂事的好孩子。

　　4．出示《胖乎乎的小手》。

　　5．小刚：图上的小朋友兰兰帮家人做了什么事情？她从中明白了什么道理？

(学生回答)

三、辨析明理

1．主持人：小朋友们，我们每天在学校里学习，学校就像我们的家一样，那你能用自己一双灵巧的手为大家做些什么呢？

2．学生回答。

3．小刚：可是有些时候，学校也有不文明的现象发生。你们看。（出示一些反面材料）

4．小刚：这里面的行为你们做过吗？你还做过什么不好的行为？今后你想怎样做？

5．欣赏小品《课前风波》。

6．主持人：小朋友们，小谭和小琳的小手都在做事，你们更喜欢谁的小手呢？为什么？

7．主持人：我们请小谭同学说说自己今后该怎样做。

四、情感升华

今天的主题班会非常成功，相信大家也受到了一次深刻的教育，老师在这里希望每一位同学都能拥有一双勤劳的手，自己的事情自己做，家里的事情帮着做，集体的事情抢着做，从小养成自强、自立的好品质，为将来成为全面发展的优秀人才打下良好的基础。

10月：成长

4．有话，我会好好说

◎ 8+1班会小学组

[班会背景]

在日常班级管理中，学生之间总会产生这样或那样的矛盾，严重的还会伴有校园欺凌、暴力的影子。究其原因，大多数矛盾的产生是因为学生在交谈、交流过程中有话不会好好说，礼貌用语的欠缺是主要问题之一。特别是随着网络的飞速发展，一些学生接触到网络上的不良用语，其中一些用语还特别容易伤害到他人的自尊心。为了建设文明和谐的班级，培养学生的良好素质，有必要对学生进行"有话，我会好好说"的教育。

[班会目的]

1．使学生对文明礼貌用语有所认识和了解，同时体会文明的重要性。

2．指导学生在日常生活中能正确运用礼貌用语，努力提高自己的文明修养，做一个"会使用礼貌用语"的好孩子。

3．指导和规范学生在日常交际中学会好好说话，有礼貌地讲话，把尊重他人放在第一位，努力做到人与人之间的和谐相处。

[班会流程]

一、班会导入

中国自古以来就是礼仪之邦，文明礼貌是中华民族的优良传统，作为新一代少年儿童，我们更不能忘记传统，应该努力做一个讲文明、懂礼貌的好学生，让文明之花常开心中，把文明之美到处传播！我宣布"有话，我会好好说"主题班会正式开始。

二、有话好好说——礼貌用语知多少

师：同学们，老师先考考你们对礼貌用语了解多少。下面，我们进行礼貌用语知识竞赛。（看投影）

礼貌用语知识竞赛规则。

教师宣布比赛规则、积分方法：1．以大组为单位；2．比赛形式：抢答；3．每小题1分。

师：同学们，你们明白竞赛规则了吗？

生：明白了。

师：同学们准备好了吗？

生：准备好了。

教师依次出题。（投影）

1．初次见面说_____；2．求人解答说_____；3．麻烦别人说_____；

4．表示答谢说_____；5．表示歉意说_____；6．表示礼让说_____；

7．中途先走说_____；8．请人帮助说_____；9．有客人来说_____；

10．赞人见解说_____；11．与人分手说_____；12．好久不见说_____；

13．请人谅解说_____；14．看望别人说_____；15．问人姓名说_____。

师：从刚才各组同学的抢答中，可以看出各组都表现不错，对礼貌用语知识有一定的了解。同学们，礼貌用语竞赛到此结束。下面我们来看各组的成绩：第一组3分，第二组5分，第三组4分，第四组3分。获得知识竞赛第一名的是第二组，掌声鼓励！

三、有话好好说——正确使用礼貌用语

师：同学们，我们刚才进行了礼貌用语知识竞赛，我相信，同学们对礼貌用语有了一定的了解。在生活当中，在不同的场景，为了进一步巩固学到的知识，下面我们进行"礼貌用语我会说"环节。

师：你知道日常礼貌用语有哪些？请同学们讨论。（组织学生讨论）

师：讨论结束，哪位同学说说你知道哪些礼貌用语？

生：你好，请。

师：好，你说得很棒。还有没有同学补充？

生1：我知道的礼貌用语有：对不起，请原谅。

生2：我知道的礼貌用语有：没关系，谢谢，再见。

师：同学们，在日常生活中，我们能用到的礼貌用语还有很多。下面请看第二题：你知道校园、家庭问候语有哪些？请同学们讨论。（学生讨论）

师：讨论结束，哪位同学说说你知道校园、家庭问候语有哪些？

生1：老师您早！老师您好！老师再见！

生2：同学你早！同学你好！同学再见！

生3：爸爸您好！妈妈您好！爸爸再见！妈妈再见！

生4：爷爷您好！奶奶您好！爷爷再见！奶奶再见！

师：同学们说得非常好，在校园、家庭中我们要用到很多的礼貌用语。那么同学之间又有哪些礼貌用语呢？

师：同学间的礼貌用语有哪些？（投影）

生1：请让一下，谢谢！

生2：对不起，非常抱歉。

生3：请稍等一下。

生4：请把你的××借我看看（用用）好吗？

生5：我来帮你，别着急。

生6：我不是故意的，请原谅。

生7：请你帮帮我好吗？

生8：对不起，打扰一下。

生9：你好，再见。

师：很多同学都知道同学间要用的礼貌用语。但在学习生活中，又有多少同学会使用礼貌用语呢？

四、有话好好说——情景再现，自我反省

师：同学们，你们平时都会使用礼貌用语吗？还有哪些地方自己做得不够好？如果有，请同学们进行自我反思，并把做得不好的地方用笔写下来，等一下自我汇报。下面开始。

师：哪位同学说一说自己在礼貌用语方面做得不够好的地方？

生1：我每天早上出门的时候，没有跟爸爸、妈妈说"再见"，回家的时候，也没有跟爸爸、妈妈说"我回来了"。我觉得这样很不尊重爸爸、妈妈，也不懂得礼貌，今后，我要改正。

师：出门、回家没有跟爸爸、妈妈打招呼的请举手。

师：25个，不在少数，望同学们改正。

生2：我平常碰到老师总是绕道走，不敢跟老师打招呼，我觉得这样很不好，我今后也要改正。

生3：平常我不小心碰到同学没有说"对不起"。

生4：我在向同学请教问题的时候没有说"打扰一下，请你帮帮我好吗"。

生5：我在平常遇到自己的亲戚也没有说"您好"。

生6：昨天，我不小心把水洒到一个同学的身上，可是没有向他说"对不起"，害得这个同学哭了。

师：你现在可以跟这位同学说声"对不起"吗？

生6：可以。（说着，他走到那个同学面前说："昨天不小心把水洒到你身上了，没有及时向你道歉，现在才向你说'对不起'！你可以原谅我吗？"）

生7：可以。

师：××同学真不错，刚学了礼貌用语就及时用上，其他同学也能够大胆地说出自己平时不说礼貌用语的例子。这样能进行自我教育，将来会对自己的成长有帮助。

师：同学们，老师今天为什么要大家学习使用礼貌用语呢？下面，请一些同学讲讲礼貌的故事。

五、有话好好说——聆听故事，自我提升

师：同学们，昨天我让你们回去搜集讲礼貌的故事，你们搜集到了吗？

师：好，下面请这位同学来读一读自己搜集到的故事。

生1：大家好，我讲的故事是《朱德给教官让座》。

1959年初春的一天,朱德同志在云南政治学校礼堂和大家一起看戏。开演前,朱德同志正和观众谈笑,突然一位年逾古稀的老人由服务员引了进来。朱德一眼便认出那位老人是自己早年在云南陆军讲武堂学习时的教官叶成林,急忙起身向前,立正敬礼,礼毕又紧紧握住老人的双手,亲切地呼唤:"叶老师。"然后请老人入座,待老人坐定后,他自己才坐下。

师:你说得真好!同学们,你们知道朱德是什么人吗?
生:知道,他是解放军总司令。
师:朱德作为总司令,他会使用礼貌用语吗?
生:会!
师:你看,朱德是总司令,他都这么讲礼貌,我们更应该向朱德总司令学习。还有哪位同学也要讲故事?
生2:大家好,我讲的故事是《列宁给女工让道》。

　　有一次,列宁下楼,在楼梯狭窄的过道上,正碰见一个女工端着一盆水上楼。女工一看是列宁,就要给他让路,准备自己退回去。
　　列宁阻止她说:"不必这样,你端着东西走了半截,而我现在空着手,请你先过去吧!"他把"请"字说得很响亮,很亲切。然后自己紧靠着墙,让女工上楼了,他才下楼。

师:列宁毫无疑问是一位伟人,但他却不因自己地位的高贵而无礼,这更显出了他伟大的品质。
师:那么,使用礼貌用语对我们有什么好处呢?

六、有话好好说——自我小结,拓展延伸

师:同学们,下面你们来总结一下使用礼貌用语有什么好处。
生1:使用礼貌用语是尊重他人的具体表现,是建立友好关系的敲门砖。
生2:多用礼貌用语不仅表示尊重他人,而且也体现自己的修养,可以融洽谈话气氛。

生3：使用礼貌用语是对别人的尊重。

生4：使用礼貌用语，可以提高你的个人素质和魅力，在尊重别人的同时享受别人对你的尊重。

七、有话好好说——语言传递，爱满天下

请同学们在日常生活中经常使用礼貌用语，并告诉你的家人、身边的人也要使用礼貌用语。

八、班会总结

1．师小结：亲爱的同学们，文明礼貌是一粒最有生命力的种子，作为一名学生，作为中华民族的后代，我们有义务、有责任弘扬我们的礼仪传统，树立良好的自身形象。希望通过这次活动，能让我们真正理解礼貌用语的重要性，让我们把文明的种子撒遍生活的每一个角落，让文明之花越开越盛，开遍家庭、校园、社会！

2．播放歌曲《咱们从小讲礼貌》，学生齐唱。

5. 秀秀我的好习惯

◎ 黑龙江省哈尔滨市香坊区风华小学　付静

11月：习惯

[班会背景]

英国教育家洛克说："一切教育都可归结于养成儿童良好的习惯。"一年级是习惯养成的最佳时期，如果孩子能够养成良好的习惯，那么将终身受益。有了入学教育和一段时间的习惯养成，孩子们基本上在学习、生活中都有了行为准则，并初步形成良好习惯。但学生的行为还存在差异，受年龄所限，自律和自省能力还比较弱，因此，必要的榜样引领和同伴间的相互学习就非常必要。通过"比、学、秀"的方式给予他们学习展示的机会，同时在交流中看到自己的不足并努力改进，促进好习惯的进一步养成。

[班会目的]

1. 通过前期预备活动中"习惯小明星"的展示，使学生在潜意识中体会到好习惯对于生活和学习的益处，正确对待习惯的养成。

2. 通过父母的鼓励提升养成好习惯的信心。

3. 通过课堂活动的展示，加深对好习惯养成的认识，并在活动中发现自己的优势和劣势，确立努力的方向。

4. 通过好习惯智慧树活动，明确习惯养成目标，提高近段时间的习惯养成活动热情与积极性。

[班会流程]

一、班会导入

师：今天这节班会，先请同学们看一段视频，你从中能看到什么？然后交流。（播放课件：内容是同学们刚入学时的懵懂，在老师的指导下认识学校、学习知识、训练行为养成习惯等学习生活的片段照片和录像）

学生们交流自己在视频中看到的内容，在回忆中感受自己的成长。

二、赛中找亮点，初步感悟成长

师：同学们，经过一段时间的学校生活，我发现大家都有了很大的变化——从懵懂无知的孩童成长为一名知礼仪、懂规范、会学习的一年级小学生了！现在我们通过几个小比赛来检验一下大家的成长效果，看看谁能够脱颖而出，成为我们各项比赛中的小超人！

1. 课件出示比赛要求：全班同学自愿分成三组，分别为整理书包比赛、汉字听写大会、跳绳比赛三个组别，每人只能申报一个小组，不可兼报。

2. 学生自己想好后，自动坐到所报小组的组别。

3. 进行比赛，分别有请各项比赛裁判长。

生1：我是整理书包比赛的裁判长，下面我宣布一下比赛内容和规则。（出示课件）

生1：参赛选手准备好了吗？请其他同学做裁判员，比赛开始。

参赛学生进行比赛，时间为1分钟，裁判长宣布比赛成绩，选出冠军。

生2：我是汉字听写大会比赛的裁判长，下面我宣布一下比赛内容和规则。（出示课件）

生2：参赛选手准备好了吗？请其他同学做裁判员，比赛开始。

参赛学生进行比赛，时间为1分钟，裁判长宣布比赛成绩，选出冠军。

生3：我是跳绳比赛的裁判长，下面我宣布一下比赛内容和规则。（出示课件）

生3：参赛选手准备好了吗？请其他同学做裁判员，比赛开始。

参赛学生进行比赛，时间为1分钟，裁判长宣布比赛成绩，选出冠军。

师：刚才的比赛真激烈呀，通过比赛我们大家一定都想说他们（冠军）可真厉害!是啊!我也想知道,为什么他们会这样出色呢?我们来听一听他们的爸爸妈妈是怎么说的吧!(播放家长们说好习惯培养的视频和孩子平时训练自己习惯养成的视频)

听了爸爸妈妈们的讲述,我们是不是有一种恍然大悟的感觉呀?的确,水滴石穿,坚持成自然。他们之所以有这样的成绩,正是因为平时严格要求自己,按照一定的目标来规范自己的行为。让我们也向着这样的方向努力吧!

三、秀出我风采,亮出不一样

师:同学们,从我们入学的第一天,老师就告诉大家:好习惯,益终生。而我们在学校学习的每一天,都是为了养成良好的习惯:问候礼仪、课堂倾听、书写习惯、安全游戏等。那么今天,我们就从这几个方面秀一秀我们的好习惯,展示我们优秀小学生的风采。

生4:礼仪小队出列,让我们向大家汇报!

礼仪小队身着整齐的服装,配合班级或学校的学生礼仪规范,展示站、行、坐及问候礼仪。

生5:读书小队展示,我们向大家汇报!

读书小队整齐规范地展示读书姿势、朗读声调及阅读习惯等。

生6:书写小队展示,我们向大家汇报!

书写小队通过端正的书写姿势和漂亮的书写作品向大家做了汇报。

生7:(播放课件)安全的游戏得益于良好的行为习惯,我们在课间收集了大家文明游戏、快乐玩耍的精彩瞬间,这就是养成好习惯,快乐每一天。

师:看到大家精彩的展示,感受到的只有震撼、美丽。这让我们更加清楚地认识到:习惯就是把将要做的事情做好、做到底,坚持久了就成了习惯,成了美丽的习惯。

四、种下"习惯树",促进再成长

师:同学们,我们经常听到这样一句话:播种行为,可以收获习惯;播种习惯,可以收获性格;播种性格,可以收获命运。可见,习惯对于我们来说是多么的重要。今天就让我们种下一棵"习惯树"(为每个同学发一张习惯树的卡片),为自己要养成的好习惯在树上画一片叶子的轮廓,并写上"××习惯",当你养成了这个习惯的时候你就可以将叶子涂满绿色。看看一个月之后，我们养成了哪些好习惯，一个学期呢？整个小学阶段呢？

1. 学生们思考并画叶子的轮廓，填写习惯名称。
2. 请先写完的同学介绍自己长出的习惯叶子。

五、班会小结

亲爱的同学们，《三字经》说："人之初，性本善。性相近，习相远。"一个好的习惯养成不是轻而易举的，要想完成它，就要树立一个长远的目标，一步一个脚印，时刻提醒自己。良好的习惯养成后更要持之以恒去做。这次班会课我们找到了亮点，秀出了风采，种下了"习惯树"。当你懈怠的时候，用身边的榜样提醒自己；当你迷茫的时候，用"习惯树"来鞭策自己。希望我们每一个孩子都成为一个具有良好习惯的小名片，佩戴这张名片，你将受益终身。

六、班会延伸

以此次班会课为教育契机，要细致开展以下活动，这样全体学生形成良好的行为习惯就会指日可待：

1. 每周进行"周行为习惯小名片"评选，每月进行"月行为习惯小名片"评选。
2. 继续开展"让我的习惯树成长"活动，经历生根、发芽、开花、长叶、结果等阶段。

著名教育家叶圣陶曾经说过："积千累万，不如养个好习惯。"可见从小养成好习惯将受益终身。小学阶段是培养习惯的关键期，低年级时期又是最佳期。我们每个小朋友都要从点滴做起，让好习惯伴我行。

11月: 习惯

6. 哭泣的小花猫

◎ 江苏省扬州市邗江区蒋王小学　庄曾曾

[班会背景]

低年级的孩子们正处于良好习惯形成的关键时期，良好的习惯是促进一个人健康成长的重要条件，是健全人格形成的基础，会为人的终生发展打下坚实的基础。很多孩子不能条理有序地整理自己的物品，男生尤为明显。针对以上情况，我觉得开一次有关整理物品的主题班会很有必要。

[班会目的]

1. 帮助学生认识到整理好自己的物品的重要性，提高自觉性和主动性。
2. 引导学生懂得要整理好自己的物品，该怎样做和不该怎样做。
3. 进行整理书包的训练和比赛，培养和提高学生的实际动手能力。

[班会流程]

一、谈话导入

师：今天，老师给大家带来一个故事。我们先听后演，好吗？

活动一："银河剧场"我来演

1. 师讲故事。

　　猫妈妈有两个孩子：小白猫和小花猫。每天早晨，小白猫和小花猫都一起去森林学校上学。这一天，山羊老师布置了复习的作业，说明天要考试了。第二天一大早，猫妈妈早早地把两个孩子叫了起来，两个孩子吃了早饭，准备上学。上学时间到了，小白猫背起书包叫小花猫一起走，小花猫呢？书包找不到了，多亏猫妈妈帮他找到了，他这才急忙背起书包和小白猫一起去了学校。

来到学校，山羊老师早已等在教室了。小白猫和小花猫坐好以后，考试开始了。小白猫不慌不忙地拿出了文具认真地做了起来。小花猫呢？一开始笔找不到了，翻遍了整个书包，好不容易才找到，可不到一会儿，橡皮又找不到了，好不容易找到了橡皮，练习本又找不到了。就这样，考试结束了，小白猫早已做完题，把试卷交给了山羊老师，小花猫还在那里翻书包找东西呢！看到小白猫轻松自在的样子，想想自己，小花猫急得哭了……

2．故事听完了，我们的"银河剧场"要开演了，开始招募小演员，谁想演？

3．组织孩子们表演故事。

活动二："芝麻开门"，我来谈

1．听了这个故事你有什么感受？

生：小白猫能整理好自己的东西，做起事来轻松自如，而小花猫不能整理自己的东西，考试时什么也找不着。（预设）

生：小花猫真可怜。（预设）

2．那你想向谁学习？（小白猫）

3．想想我们身边有这样的小白猫和小花猫吗？

生列举班级中平时善于整理东西的几个学生和不会整理自己物品的学生的事情。这时，被正面举例的学生很自豪，那几个不善于整理物品的学生则显得很惭愧。

4．请这几位会有序整理自己物品的同学说说他们是怎么做的。

被正面举例的学生发言，交流他们的经验。

5．被举例的那几个"小花猫"说说你们打算怎么做。

那几个不善于整理自己物品的学生会有些不好意思，都表示以后要学会整理物品，好好整理自己的物品。

活动三："旋风行动"，我来做

那我们就从整理自己的书包开始吧。

1．明确方法。先按大小和类别把书本整理好，然后有序地放进书包，最后把文具盒等其他用品放到书包合适的位置。

2．示范。请刚才会整理自己物品的"小白猫"来做个示范。

3．全班比赛。规定时间内看谁能又快又好地整理好自己的书包。整理好以后坐端正。

4．为优胜的同学颁奖。

活动四："快乐大巴"，我来开

1．除了整理书包，你还能整理自己的其他东西吗？比如书桌、书柜、自己的房间等。

2．运用这节课学的知识，整理一下自己的书桌、书柜和房间，把好的经验介绍给同学。

二、总结谈话

1．同学们，这节课过得愉快吗？说说你的感受？

生：这节课我学习了整理自己的物品，以后我要做会整理自己物品的"小白猫"。

2．同学们，故事的最后小花猫急得哭了，你想对小花猫说什么？

生：我想说，小花猫，你这次可知道不能整理好自己物品的坏处了吧，看你以后还敢不认真整理自己的物品吗？

生：我想说，小花猫，只要你改正了自己的缺点，大家以后还会喜欢你的。

3．同学们说得真不错，改正缺点就是好孩子。咱们班的"小花猫"，你们会不会改掉自己的坏毛病？（会的）

4．老师相信大家一定能做到。相信今天一个好习惯，将会成就明日辉煌的你。最后，祝贺同学们个个都能成为全面发展的合格小学生。

三、教师小结

整理好自己的物品是"八大习惯"中养成良好卫生和生活习惯的具体要求。本次班会课让学生能够在实践中体会养成好习惯的重要性，同时让他们懂得整理物品也要讲究一定的技巧。然而良好习惯的形成不能一蹴而就，需要在生活中点滴积累，逐步养成。因此重在平时，贵在坚持。

"播下行为，收获习惯；播下习惯，收获性格；播下性格，收获命运。"我希望通过这次班会和平时的督促训练让孩子们养成良好习惯，并让这种习惯伴随其一生。

12月：集体

7. 班有小明星

◎ 河南省济源市玉泉苗店学校　李春华

[班会背景]

班级中的部分学生依赖性强，自我管理能力欠缺；学生在家里被家长管教过多，做事没有主动意识。从这些层面来看，需要对学生进行自我认识教育。过多的说教有一定的效果，但是不能长久。最好的事例莫过于身边的榜样，而学生身边的榜样更有说服力。所以要充分发挥小明星的带头、引领作用，树立学生"集体主人翁"的信念，培养学生自信、自立、自强的人生观。

[班会目的]

1. 通过再现班级中的先进人物和先进事迹，让事件的主人感受到做小明星的光荣。

2. 通过表扬先进人物"小明星"的先进事迹，为所有学生树立榜样，激发学生向他们学习的愿望，树立学生"集体主人翁"的信念。

[班会流程]

一、认识"小明星"

师：同学们，老师去了一所学校，正好赶上他们在评选学校"小明星"。听到了两个"小明星"的故事，咱们一起去认识这两个"小明星"吧。

出示两个"小明星"图片，倾听讲述。

师：听完故事后，请说说她们为什么被评为学校"小明星"。

生1：她学习的时候认真学，而且喜欢攻克难题。

生2：孙同学能自觉完成作业。

生3：做事情愿意突破自己。

生4：能找出自己的问题，愿意做更好的自己。

师：同学们说得真好，其实在我们班也有这样的"小明星"，请你猜猜他是谁。

二、游戏："猜猜他是谁"

（"助人小明星"）

师：上课了，同学们在安静地做题，瑶瑶却还在翻书包，原来她的文具盒忘带了。这可怎么办呢？没铅笔怎么写作业呢？这时，一支铅笔进入了她的视线，她顺着一看，原来是……

瑶瑶：老师，是小哲。

师：对，小哲是不是咱们班的"小明星"？说说他好在哪里。

生1：团结友爱。

生2：帮助同学。

师：对，同学有困难时，伸出友爱之手，他是我们班的"助人小明星"。

（"环保小明星"）

出示图片：操场上有零散的小杂物，下课了操场上人头攒动，可没人在意那些"显眼"的杂物。有个小朋友和别人边说边走，正走着，她弯下了腰，捡起了这些杂物，回过头来奔向垃圾桶。操场立马干净整洁。这位同学是……

生：小鑫。

师：小鑫是不是"小明星"？好在哪里？

生1：保护环境。

生2：她看到废纸就捡起来，不怕脏。

师：是呀，她有一个好的卫生习惯，看到杂物就捡起来，注意保护环境，她是我们班的"环保小明星"。

（"诚实小明星"）

师：老师检查作业，有个同学告诉老师："老师，作业忘带了。"老师就说：

"记得下午让我检查。"下课后，他走进办公室对老师说："老师，对不起，我骗了你。作业我没写……"请同学们说一说，这位同学算不算是个好学生？

生1：不算，他作业都没写。

生2：老师，我倒觉得他敢于承认自己的错误，应该算。

生3：也算也不算吧，好学生不应该不写作业吧！

生4：他想当好学生的。

师：是呀，他想当好学生，所以才会对老师撒谎。可是撒谎后，他又敢于承认自己的错误。到底算不算呢？

生：如果能改正自己不写作业的习惯，就是好学生。

轩轩：老师，我能改正，我一定天天完成作业。

师：大家的评价呢？

生：知错改错应该算是好学生。

师：那么，他就是我们班的"诚实小明星"。

（"进步小明星"）

请看画面一（视频播放）：

放学时，教室门口，同学们乱哄哄地挤着，推着，走出了教室，乱跑着，抢着下楼梯，一片混乱，一个小朋友差点儿摔倒。

师：你想说什么？

生1：太乱了，感觉他们很不文明。

生2：都是乱挤的，差点儿摔下去。

生3：摔下去就惨了。

生4：老师，对不起，还有我。

请看画面二：

同样的教室门口，同样的楼梯口，同学们有序地走出教室，靠着右边，一个一个有序地走下楼梯。

师：这是我们两个不同时段的表现。看完后，你想说什么？

生1：文明有序看着就是不一样。

生2：我们进步了。

生3：要做文明有序的好学生。

师：是呀，不怕我们犯错误，只要我们认识到自己的错误，勇于改正，依然可以成为文明的好学生。那么，那些已经改正的学生就是我们班的"进步小明星"。

三、引领提倡

师：像这样的"小明星"，我们班还有一些，请看（出示课件）：

下课时在教室里安静读书、写字的；早起到教室为同学放下板凳的；放学时关窗的……

其实，他们也是我们班的"学习小明星""劳动小明星"……也就是说，在我们身边，有很多我们学习的榜样，他们像星星一样照亮了自己，也照亮了别人，希望我们大家在遇到这种情况时，也能像他们一样，做班级的"小明星"，好不好？到时，我们班一定会成为最优秀的班集体。让我们一起宣誓：助人为乐，诚实守信，文明有礼，热爱学习，保护环境，勤奋守纪，争做班级小明星。

四、班会延伸

1. 播放歌曲《我们都是好孩子》。

思考：什么样的孩子是公认的好孩子？歌曲已经告诉我们答案，请对照自己，向好孩子看齐！

2. 学唱《我们都是好孩子》（见附件二）。

附件一：

大家好，我叫黄睿婕，今年11岁了。我是属鼠的，所以我的特点就是聪明和灵活。从小大家都说我像个男孩子，没错，我的确没点儿女孩子的样儿，妈妈说我只有在睡觉的时候才会安静下来，谁叫我精力特别旺盛呢！一年级时我加入了学校足球队，虽然只有我一个女生，但是在绿茵场上，我如鱼得水。我喜欢踢足球，不仅能锻炼身体，更能放飞我的梦想，同学们都称我是"风一样的女子"。

妈妈说玩的时候就痛快地玩，学习的时候就认真地学。不踢球的时候，我喜欢背古诗和读英语，数学计算我也喜欢，这样可以让我的大脑更加灵活。我觉得学习应该是件轻松愉快的事情，每当攻克学习中的难题时，我都很有成就感。

我的缺点是字写得不好，三年级时开始用钢笔写字了，我正在努力地练钢笔字。妈妈说字可以写得不算漂亮，但是一定要整洁端正，就像我的人一样，虽然长得不算漂亮，但是我健康、阳光、向上！

我叫孙昱琳，今年8岁。我喜欢运动，喜欢打乒乓球，虽然打得不太好，可我每次都尽力而为，做到突破自己。

我也喜欢画画，每次把心里的愿望和喜欢的景色画在纸上，心里特别高兴。

我的优点是比较自觉，我能独立自觉地完成老师布置的作业，虽然爸爸妈妈不在身边，但是在老师和姑姑的关心帮助下，我的成绩还不错。

我性格比较内向，上课不敢主动发言，有粗心的坏毛病，时不时还耍点小脾气。这些坏毛病我会努力改正。我的人生格言是：努力做更好的自己！

这就是我——一个普普通通的小女孩。

附件二：

我们都是好孩子

孝敬老人，遵守道德，懂事的好孩子。
尊敬师长，遵守圣训，礼貌的好孩子。

一年级

知恩报恩，菁菁善良，聪明的好孩子。
无心为错，乐于助人，善良的好孩子。
见善思齐，纵去远跻，纯洁的好孩子。
见恶内省，有错必改，诚实的好孩子。
从小诚信，是非分清，听话的好孩子。
礼仪端庄，爱众亲和，可爱的好孩子。
熟读圣书，勤学才能，懂事的好孩子。
多说圣言，不说秽语，礼貌的好孩子。
切勿骄富，切勿浪费，聪明的好孩子。
切勿欺贫，切勿饮酒，善良的好孩子。
相互关心，相互团结，纯洁的好孩子。
多做善事，远避邪事，诚实的好孩子。
讲究卫生，衣冠整齐，听话的好孩子。
房屋清净，书桌整洁，可爱的好孩子。
排队等车，相互礼让，懂事的好孩子。
讲究文明，不乱打斗，礼貌的好孩子。
爱护书籍，尊师效古，聪明的好孩子。
身心端正，字迹工整，善良的好孩子。
不沾烟酒，洁身自好，纯洁的好孩子。
珍惜衣物，不再挑食，诚实的好孩子。
帮助父母，多干家务，听话的好孩子。
早睡早起，热爱运动，可爱的好孩子。

8. 巧手变奏曲

◎ 8+1班会小学组

[班会背景]

经过一段时间的强化，班里大部分孩子都能做到抽屉整齐，桌面整洁。但还有少数孩子总是抽屉凌乱，桌面杂乱。这几个孩子的不良习惯让他们自己苦恼的同时，也影响了班容班貌。这次班会是"我会整理"班会的升级版，除了学习整理，更重要的是让孩子认识到自己的小手可以做很多很多的事，让他们对自己未来的手能做什么充满期待，对孩子进行朴素的理想教育。

[班会目的]

1. 强化孩子定时整理、有序整理抽屉的行为习惯，做到知行合一。

2. 通过活动，对学生进行理想教育，让他们认识到自己的小手有很大的用处，未来的手会有更大的用处，激发学生的自豪感和社会责任感。

[班会流程]

一、主题导入

师：（屏幕出示）猜谜语。

两棵小树十个杈，不长叶子不开花。

能写会算还会画，天天干活不说话。

生：这是手。一年级语文书上有。

师：你记性真好！今天，我们就来聊一聊我们的小巧手。（屏幕出示：我有一双小巧手）

二、我的小手真能干

师：我们都有一双小小手，小小的手会说话。一起来听听你们的小手对你们说了些什么吧！（播放视频：我有一双小小手）你的小手对你说了什么呢？

生1：小手有十根手指头，相亲又相爱。

生2：我们要爱护我们的小手。

生3：我们的小手很能干。

生4：我们的小手会做很多事，要爱护它。

师：小手的用处大着呢！双休日的时候，我们要求每个人用自己的双手做一件让你自己自豪的事，你做了什么？现在请你在小组里跟你的小伙伴说一说。

（小组交流，老师关注学生交流情况。在巡视过程中，一个孩子拿一个西红柿问我："老师，这是我家大棚里的西红柿，是我种的，我妈妈也帮忙了，算不算？""当然算，孩子，你有一双很能干的小手！"小组交流后，班级交流）

生1：（出示一幅画：黄色的背景里，是一棵满是红叶的树，树下是褐色的土地。只有三色，对比非常强烈）同学们好，这是我画的一幅秋天的图画。我喜欢秋天。

师：能跟大家解释解释你画的是什么吗？

生1：我把我看到的秋天画下来了。秋天，树叶变得红通通的，树上跟着了火似的。秋天是个丰收的季节，是黄色的。土就是这种颜色，我就用了这种颜色。

师：这是褐色。我想起伟大的画家凡·高的名画《向日葵》，充满了活力，充满了生机。我喜欢你的画。

生2：（出示一个玉米棒子）这个双休日，我跟爸爸妈妈去地里收玉米了。这是我收获的玉米，长得多大！

生3：老师，这是我自己种的西红柿，我们家大棚里有好多蔬菜。

生4：星期天，我整理了我的房间，这是整理后的照片，我让爸爸妈妈帮我拍下来了。

生5：我的手是多功能的，我的手能帮妈妈晒衣服，能帮奶奶扫地，能帮爷爷收衣服。

师：我喜欢你的这种说法。我们的手是多功能的，因为能做许多的事。现在，我们的课桌朋友遇到了很大的困难，你们用自己的小手帮帮它吧。

三、我的小手会整理

师：（出示图片：班级拍摄的学生凌乱的抽屉）孩子们，你们看看这张课桌，它的肚子里乱七八糟的，塞了这么多东西，它太难受了，咱们怎么帮帮它呢？

生1：给它整理整理，它就不难受了。

师：怎么整理呢？

生1：大书放在一起，小书放在一起，整齐就好看了。我的抽屉就是这么摆的。

师：有的同学开始也是这么放的，可是后来就越来越乱，怎么办呢？

生2：每节课下课的时候，都整理，就不会越来越乱了。

师：大家还有要补充的吗？

生3：每节课下课的时候，把这节课的书本放进抽屉里，把下节课要用的东西放在桌子左上角。老师，你强调过很多次啦！

师：你不光记性好，还做到了，真棒！刚才几位同学的话，我们来总结一下：整理抽屉时，按书本的大小来分，大的和大的放在一起，小的和小的放在一起。说到还要做到，接下来，请小组内同学互相看一下抽屉，如果不整齐的，就给他想想办法，看怎么摆整齐。（小组活动）

四、我眼里最棒的手

师：刚才你们小组活动的时候，老师看到许多双能干的小手，不光能把自己的抽屉整理好，还能帮同伴整理。老师有个问题想问问你们，你见过的最棒的手，是谁的手？他都做了些什么？我们来想一想，说一说。

生1：我最崇拜蔡依彤的手了。因为她的手可以画出漂亮的画，还会做小蛋糕、饼干，可好吃了！她经常帮助别人，我没带笔，她借给我；我没带本，她也借给我。

师：你说得大家的口水都流下来了，这样的手我也喜欢。我们一起来看看这双灵巧的小手吧。蔡依彤，你来，把你的小手给大家展示一下。（蔡依彤上台，展示自己的小手。这是个害羞的小姑娘，很腼腆，脸都红了）

生1：我见过的最棒的手，是服装设计师的手，因为她设计的衣服很漂亮。

生2：我最喜欢奶奶的手，她每天帮我们洗衣服、做饭、打扫卫生。

生3：我觉得警察的一双手最好，因为警察为民除害。

生4：我喜欢大厨师的手，他们的手能做出好多好吃的。我是个小吃货。

生5：我认为最好的手是农民的手，如果没有农民的手，我们就不会吃到既新鲜又有营养的蔬菜。

生6：我最喜欢一位小女孩的手，因为那位小女孩看见地上有垃圾就马上捡起来。

生7：我最敬佩的手是清洁工人的手，虽然他们的手不干净，但他们的手能把地面变得干干净净。

师：我听出来了，你们喜欢的手，是爸爸、妈妈、爷爷、奶奶他们那样的勤劳的手，让你感到爱和温暖的手；是清洁工、厨师、服装设计师那样的让生活变得更美好的手，是有用的手。看来，最棒的手，就是让人感到温暖的手，有用的手。

五、我未来的手

师：有一天，你们的手会长大，长大了的手，能做更多有用的事。老师要给同学们介绍几双长大后非常了不起的手。（依次出示屠呦呦、胡忠和谢晓君夫妇、袁隆平、中国人民解放军战士等四幅图片，请学生猜他们的职业，然后出示相关的文字介绍。文字见附件）

师：你长大的手，要做什么呢？

生1：我长大想要一双像服装设计师一样的手，因为我喜欢设计衣服。

生2：我想有一双医生的手，为人们治病，让他们健健康康，就像屠奶奶那样。

生3：长大后，我要做一个厨师。我想走遍天下，走到哪个地方，我就给当地人做好东西吃，这样全天下的人都知道我的厨艺。

生4：我想做一名光荣的解放军战士。

生5：长大后，我想有一双钢琴家的手，弹出优美动听的曲子。

生6：在我们的街舞俱乐部里，有个比我还小的弟弟能做很多高难度动作。我会好好练习，做个街舞冠军。

生7：我喜欢读故事，我希望我长大之后的手会写故事，写别人喜欢看的故事。

六、班会总结

师：真期待看到你们未来那双更有力、更有用的手。这样吧，我们把自己现在的小手画出来，留在画纸上，然后写下你的愿望：你希望你未来的手是什么样子的？能做什么？（小组活动，有些孩子用彩笔描出小手的轮廓，有些孩子带的是颜料，就在小手上涂上颜料，印在画纸上。色彩斑斓，非常好看）

附件：最美的手

2015年12月10日，屠呦呦因开创性地从中草药中分离出青蒿素应用于疟疾治疗而获得诺贝尔生理学或医学奖。这是中国本土科学家首次获得诺贝尔奖。青蒿素问世44年来，共使超过600万人逃离疟疾的魔掌。未来，屠呦呦希望通过研究，让青蒿素应用于更多地方，为更多人带来福音。

胡忠、谢晓君夫妇：坚守藏区12年支教。他们带上年幼的孩子，是为了更多的孩子。他们放下年迈的父母，是为了成为最好的父母。不是绝情，是极致的深情；不是冲动，是不悔的抉择。他们是高原上怒放的并蒂雪莲。

袁隆平，"杂交水稻之父"。他毕生的梦想，就是让所有的人远离饥饿。从1964年开始，他40多年如一日，全身心致力于杂交水稻的研究。他研究的杂交水稻，产量从平均亩产300公斤左右先后提高到500公斤、700公斤、800公斤。20多年来，我国累计推广种植杂交稻56亿多亩，每年增产的稻谷可以养活7000多万人口，相当于全世界每年新出生人口的总和。

这是一群可敬的人！我们无法叫出他们每个人的名字，但他们有一个共同的名字——中国人民解放军。哪里有困难，哪里有危险，哪里就有他们的身影。他们是祖国的屏障，是我们的守护神。

1月：学习

9. 小小红领巾来上岗

◎ 江苏省扬州市邗江区实验小学　凌善

[班会背景]

少先队是中国共产党领导下的中国少年儿童的群众组织，是少年儿童学习共产主义的地方，是建设社会主义和共产主义的预备队，怎样让少先队队员真正体会和了解少先队员的光荣感、责任感和使命感呢？借助一面旗、一领巾、一首歌、一队礼等实实在在的、有形的东西，通过不同的途径，把精神层面落到实处，从而培养少先队队员的组织意识、集体情感，培养队员对组织的朴素情感，增强归属感，立志做一个了不起的中国人。

[班会目的]

1. 通过组织开展班会活动让学生珍惜爱护红领巾。

2. 引导学生正确看待自己作为一名少先队员应有的职责。

[班会流程]

一、主持人讲话，宣布活动开始

星星金闪闪，火炬光灿灿，少先队员手拉手，红领巾在胸前飘舞。今天，我们集合在星星火炬之下，庄严地举起右手："准备着，为共产主义而奋斗。"

"小小红领巾来上岗"主题班会现在开始。

二、红领巾的由来

主持人：《中国少先队队章》规定："我们的标志：红领巾。它代表红旗的一角，是革命先烈的鲜血染成。"看到飘扬的国旗，我们就会想起一段难忘的历史——江姐和战友们在狱中含泪绣红旗。（辅导员讲故事《江姐绣红旗》）

主持人：像江姐一样的无数革命先烈经过浴血奋战，才使鲜艳的五星红旗飘扬在天安门广场。老师有一个小小的心愿：将手中的红领巾传到我们新一代少年儿童身上，使它更红更鲜艳。

三、戴红领巾（仪式：中队辅导员—中队长—队员）

旁白：今天，党把红旗化作千万条红领巾，让每个少先队员佩戴在胸前，就是要求少先队员继承红旗事业，就是要让革命精神代代相传。

请老党员、老队员再一次为队员们佩戴红领巾。（老党员、老队员讲述自己与红领巾的故事）

主持人：队员们，你们接过红领巾时，心里在想些什么？（队员自由发言）

四、珍惜爱护红领巾

主持人：红领巾来之不易，我们戴上了红领巾，应该努力为它增添光彩。然而，在我们的生活中，还有以下现象（小品表演《如此行为》）：

情景一：一个小朋友坐在车上吃东西，随手将食物包装纸扔出车窗外。

情景二：早上父母将我送到学校门口后，我主动和爸爸妈妈说再见。

情景三：上课的时候坐不端正，东倒西歪，还喜欢随便插嘴。

情景四：不按时完成作业，作业拖拉且书写潦草、马虎。

（根据自己班级的情况改编）

主持人：队员们，看了这段小品表演有什么想法？我们应该怎样爱护红领巾呢？（队员自由发言）

主持人：辅导员老师，你有什么感想呢？（辅导员老师发言）

主持人：谢谢辅导员老师的指导。

主持人：新时代的少先队员都应懂得红领巾的意义，热爱红领巾，珍惜红领巾的荣誉。我们怎样为红领巾增添光彩呢？请大家分组讨论。

（队员讨论，并选派代表谈感想）

主持人：队员们都谈得很好，在我们中队里也有许多为红领巾增添光彩的人。他们热爱集体，努力学习，团结同学，争做好事，确实为红领巾增添了不少光彩，值得我们学习。今天，借这个机会，让我们请辅导员为他们颁奖。

（颁奖：五个队员排成一队，辅导员为其颁奖）

主持人：你们看，五个奖项合起来就是德、智、体、美、劳全面发展，为胸前的红领巾增添了光彩，让我们一起为他们鼓掌祝贺。

主持人：队员们，作为新时代的红领巾，我们应该从小学习本领，磨炼翅膀，为红领巾增添光彩，长大后才能为祖国增添光彩。这一方面，我们中队的几个同学表现比较突出，请他们为我们露一手吧！（队员表演跳舞、歌曲、弹琴等）

主持人：胸前的红领巾，激励我们更加奋勇前进，让红领巾在我们胸前飘得更红更艳。请听诗朗诵——《红领巾胸前飘》。

鲜红领巾胸前飘，校园花儿我来浇。
学习文化学科技，从小立下报国志。
热爱祖国热爱党，要让祖国更富强。

主持人：队员们，让我们接过先辈手中的火炬，在新世纪里奋发向前。今天，我们是练翅的雏鹰；明日，我们是搏击长空的雄鹰。

五、小结：让红领巾放光彩

小小红领巾，不仅是身份的象征，而且是红色传承。这一传承就是爱祖国，爱祖国先从爱惜红领巾开始，从珍惜红领巾小岗位开始。

1月：学习

10. 学习，我有金点子

◎ 江苏省扬州市邗江区实验小学　张超

[班会背景]

一年级的小学生刚开始学习生活，每一个学生呈现出不同的学习状态，有的很快就能适应小学生活，有的却是一时间难以适应。从时间层面上来分析，一起上小学的孩子们其实都处在同一条起跑线上，智力差异不是太大，但是在学习上却表现出较大的差异，究其原因肯定与学习方法有关。学习别人，与别人对照；总结自己，分享经验，这是每一个学生在小学必须开始的新的一课。

[班会目的]

1. 通过活动让学生们懂得学习是自己的事，只有对自己负责，才能学好知识。

2. 分享好的学习方法，增强学习信心，知道自己存在的不足，从而进一步端正学习态度。

[班会流程]

一、谈话导入

师：同学们，我们成为小学生已经快一个学期了，经过这么长时间的学习，一定有不少收获吧！那么你们在学习上有什么好方法吗？遇到困难，你们又是如何解决的？今天就让我们一起来分享吧！

二、小代表分享（课件同步展示优秀作业）

师：下面就请同学们来介绍各自的学习小窍门！

1. 语文学习有妙法。

语文课代表：我在学习语文的时候有一两个好方法：首先要把字写端正。我的习字册每次都能得到优，甚至有时还有优星呢，我的字写得这么漂亮也是有原因的！

师：哦，那么请你给大家分享一下你写好字的金点子吧！

语文课代表：好的。我的学习金点子就是：每天晚上认真练字！我买了一本适合我们一年级的字帖，每天晚上回家完成老师布置的家庭作业后，我都会临摹一页，再在田格本上自己练写一页。我的字就是这么练成的。大家都夸我的字很漂亮呢！（展示语文课代表的作业，大家竖大拇指点赞）

师：这是我们班语文课代表学习的小金点子。下面请数学课代表来分享他的学习金点子。

2. 数学源于理解。

数学课代表：我认为学好数学，最重要的就是多练。在平常上课的时候，首先要做到聚精会神地听讲，一步一步地跟着老师的步伐走。自己动手写作业，写作业的时候一定要自己动脑筋思考，不能抄袭，要认真写。最后就是利用课余时间，多练习，勤练习。妈妈为我买了好几本试卷，你们不要被吓到哦，我可不是全部都写的。妈妈为我挑选了试卷里的几道题，尤其是我经常会出错的题型，特别训练，特别练习。这样才能把自己薄弱的地方练习好。这就是我平常学习的经验，跟大家分享分享。（大家竖大拇指点赞）

师：刚刚请我们班的语文课代表和数学课代表分享了自己学习的金点子，他们作为我们班的班干部，不仅学习好，还乐于跟大家分享他们学习的好方法，值得表扬。下面还有哪个同学有自己学习的金点子？来跟大家分享一下吧！

3. 先走一步是预习。

生：我认为预习一定要做好。我记得刚开学的时候，我没有认真、提前预习第二天要学习的内容，在上课时，感觉有点跟不上老师的节奏，不明白老师讲的什么意思，上课会走神发呆，导致考试成绩不好。有一天老师给我们说了一个成语"笨鸟先飞",我请教老师是什么意思,明白后我开始改正自己的缺点。每天晚上提前、认真预习要学的内容。数学就请教爸爸妈妈,语文就多读课文,多识字,多练字,把课文熟读了,第二天上课的时候,就能跟上老师的步伐了。这就是我的学习金点子:做好预习。

4. 小结。

师:这些金点子都是同学们学习的法宝。然而在平时的学习生活中,你又遇到哪些困难?(分小组交流)

谁能帮助这些同学解决这些困难?(班级小小群英会,教师适当点拨)

三、分享小总结

师:各位小朋友们,听了这么多同学的经验分享,你们有什么收获吗?

四、总结

师:通过今天的主题班会课,我们听了许多同学的学习金点子,也有好多学生面对困难,信心在增强。这就是好事。老师希望你们可以试试采用他们的学习方法,看能不能成功。等过一段时间我们再开一次班会课,看看大家的成果如何!

3月：文明

11. 校园里，请学会微笑

◎ 黑龙江省哈尔滨市香坊区风华小学　付静

[班会背景]

校园文明礼仪是当代小学生最基本的道德行为规范和文明素质的体现。小学一年级是各种良好思想、行为习惯形成的起始阶段，培养学生良好的礼仪素养必须从小抓起。但是在校园里，很多学生心里知道，却很难做到。尤其是遇到真真切切的问题时，如何做？怎么做？让每一个学生在现实中"碰一碰"，或许会有更大的收获。

[班会目的]

1. 通过活动，希望学生能把校园礼仪的一些规范运用到生活、学习中。

2. 把礼仪规范贯穿到歌谣、小品、朗诵等各种表演形式中，让学生懂得礼仪对于每个学生成长的重要性。

3. 培养学生从现在做起，从一点一滴做起，努力提高自己的文明礼仪修养，做一个新世纪讲文明、懂礼貌的好孩子。

[班会流程]

一、班会活动导入

播放图文视频《文明礼貌从小讲》。要求：欣赏后说说你有什么看法。

学生反馈：

生1：我们要讲文明，不能做一个野蛮的人。

生2：我要做一个有礼貌的好孩子。

生3：好习惯好行为，我们都要做。

生4：我们要讲文明，树新风。

生5：我们不能随地丢垃圾。

生6：不要随地吐痰，浪费食物。

生7：保护好校园，每天都要打扫干净。

生8：校园是我们共同的家，我们都要爱护它。

师：从小讲礼貌，我们都要讲文明礼仪，生活中、学习中处处不可少。我们学习、生活在校园，好行为习惯养成也会在校园体现，校园文明礼仪我们都要会做、必须这样做。我们到底该怎样做呢？学了今天这节课，大家今后就会做得更好。

二、小品表演（要求观看小品后说观后感）

第一小组表演：前后桌同学间借笔。

第二小组表演：上楼梯时，被其他班同学撞了一下。

第三小组表演：在操场上，有同学把垃圾扔到自己身上。

第四小组表演：下雨天两个同学在草地上捡垃圾。

学生反馈：

生1：同学间相处要用礼貌用语，常说谢谢或不用谢。

生2：做错事情要说对不起，原谅对方要说没关系，我们要宽宏大量。

生3：学校是我们共同的家，我们要保护好校园的整洁。

生4：我们要常做好人好事，为校园做贡献。

生5：我们要大气、大方，做个好学生。

生6：人家向我们道歉，我们要大方说：没关系，不要紧。

生7：我们要做好校园清洁小卫士的工作。

生8：同学间要团结相处，快乐融洽似一家。

生9：我们要尊老爱幼，做一名好学生。

师：学校是我们共同的家，校园文明礼仪多，处处需要我们用行动去实现。

三、小记者采访

师：班上来了两位小记者，小记者今天要对同学们的校园礼仪进行一次采访，这次采访是直播，同学们好好表现吧！

小记者1：你在校园见到不是你班上的老师，你会怎么做？

生1：学校里的老师都是我的老师，我会停下脚步，面带微笑，敬礼和老师打招呼：老师您好！

生2：我会说：老师好！

小记者2：你在去教室的路上，看到地上有一块香蕉皮，你是装着没看见还是采取其他行动？

生3：看到香蕉皮我不太想捡起来，如果路上没有其他人，我就直接走过去。

生4：香蕉皮很脏，但是我还是会捡起来丢进垃圾桶里，然后洗手回教室，地上有垃圾看起来不美观。

小记者1：大家下楼做广播操时，有人不小心推了你一下，你的脚又被后面的一位同学踩了一下，这时你会发火吗？

生5：我不会发火的，我要让他向我道歉。

生6：即使对方没有给我道歉，我也原谅他们，因为下楼做广播操时，时间是匆忙的，谁都不是故意的，我们要以宽广的胸怀原谅他人的过失。

小记者2：你看到有同学拿着画笔在墙壁上画画，你会怎么处理？

生7：我会对他说：不能在墙上乱涂乱画，这是不文明的行为。

生8：我会耐心地对他讲：小学生不能做违纪的行为，乱涂乱画是不文明不道德的行为，这会使我们的校园变丑，那我们在这里读书都不快乐了，让我们一起把墙壁擦干净吧，我们都要爱护我们的校园。

小记者1：看到某班的课代表拿着一叠作业本在路上不小心滑了一跤，你从不远处见到了这一幕，你是无视呢，还是跑过去帮忙？

生9：我会跑过去帮他把作业本捡起来，我们要互相帮助。

生10：我会把跌倒的同学扶起来送去校医室看看。

生11：我会扶起滑倒的同学，如果没有受伤就让他回教室休息，我帮他拿作业本给老师。

小记者2：同学扫积水时不小心把水滴弄到你身上，你会一巴掌打过去吗？

生12：我不会生气，因为他在扫地，没有看到我。

生13：我会原谅他，并和他说：没关系，下次走路我会注意的。

小记者1：有高年级哥哥要打你的弟弟，你会直接拿起棍子打他吗？

生14：我不会打他的，我会和他说打人不道德，会犯法的。我会和老师说，和家长说。

小记者2：三年级姐姐在操场上捡到10元钱，你看到了，她要给你2元，但是要求你不能和其他人说，你会同意吗？

生15：我不会同意，我也不要她的钱。

生16：我会和她说：老师教我们要拾金不昧，捡到的东西要上交，要归还失主，说不定人家急用呢。

师：通过小记者采访，我了解到同学们都是懂礼貌的学生。

四、欣赏歌曲《咱们从小讲礼貌》

班委会成员齐唱：晨风吹，阳光照，红领巾，胸前飘，小朋友啊，欢欢喜喜进学校。见了老师敬个礼，见了同学问声好，老师您好，同学你早，咱们从小讲文明，咱们从小讲礼貌。好儿童，志气高，讲文明，讲礼貌，小朋友啊，咱们一定要记牢。不骂人来，不打架，果皮纸屑不乱抛。纪律要遵守，卫生要做到，团结友爱心一条，团结友爱心一条。

师：班干部们的校园文明礼仪做得很好，同学们的校园文明礼仪也做得很好，人人都做好，我们的校园文明礼仪就更好。

五、校园文明礼仪宣誓

第一小组：在校园里，我们是文明的学生。我们能做到：师生见面点头问好，师长见面鞠躬行礼。课间不追撵，不打闹，上下楼道靠右行。不说脏话，不喧哗，轻声细语讲文明。

第二小组：少先队员要做到，讲文明，讲礼貌。唱着童谣去学校，路遇老师先问好。同学相见说声早，礼仪常规最重要。进校要走人行道，不穿操场和跑道。上下楼梯不乱跑，遵守规则向右靠。看见纸屑勤弯腰，爱护环境莫忘了。上课听讲神不跑，积极发言勤思考。下课不追不打闹，文明玩耍就是好。同学不能大欺小，团结友爱校风好。

第三小组：文明之花开满校，学生个个有礼貌。见到老师行个礼，同学之间不打闹。热爱劳动讲卫生，果皮纸屑不乱扔。上课听讲要认真，同学发言会倾听。花草树木要爱护，校园处处开新花。

第四小组：小朋友们进学校，人人学会讲礼貌。升国旗时站得好，注目行礼记得牢。见到老师敬个礼，见到同学问声好。学校纪律能遵守，追跑打闹不能要。学校财物都爱护，垃圾脏物不乱抛。安全节俭做得好，学校以我为骄傲。

师：每个小组的校园文明礼仪宣誓都很精彩，平时经常看到的不文明行为，我们不能做，要坚决与这些行为划清界限。老师相信同学们能学到做到，学好做好！

六、班会小结

播放背景音乐，全班齐背诵《小学生日常行为规范》。

师：在"校园文明礼仪，我会做"活动中，我高兴地看到每一个同学都能积极主动地学礼仪、用礼仪，努力成为讲文明、讲礼貌的好孩子。其实啊，不但在校园里要讲礼仪，在我们的家庭里、在社会上、在日常生活的每个细节，我们都要讲礼仪。只有这样，我们才能成为真正的讲文明、讲礼貌的人。老师真心希望同学们无论走到哪里都要做讲文明、讲礼貌的好孩子，而且老师也相信你们一定能够做到。

3月：文明

12. 巧手小展示

◎ 黑龙江省哈尔滨市香坊区风华小学　付静

[班会背景]

小手的形状可以变化多端，在手影游戏体验中我们能够获得巨大的快乐。日常生活中充满着各种形状的特品：圆圆的皮球、方方的饼干、长方形的小床、三角形的帆船、半圆形的西瓜等。这组合在一起，可以千变万化，让孩子充满好奇和惊喜。各种各样的图形积木更是让孩子爱不释手。利用生活经验的积累对图形进行加工、改造，引导孩子进入神奇的图形世界。喜爱绘画的小朋友也能直观地感到小手是多能的。通过一系列的活动，揭示双手可以创造美好，可以创造世界。

[班会目的]

1. 在活动中让学生初步认识到自己的事情自己做，从小养成自己的事情自己做的好习惯，初步培养小学生的独立意识。

2. 在实践中让学生学会用自己的双手去帮助他人，逐步培养学生关爱他人的习惯。

[班会流程]

一、激趣导入

表演激趣，导入活动。组织孩子听《小手拍拍》音乐，做动作进入活动室。

二、认识小手

拍手律动，引起孩子的兴趣。

"宝贝都有一双小巧手，拉拉手，拍拍手，拿出小巧手和老师一块儿做律动。"

1. 让孩子观察自己的双手。引导孩子说出小手上有什么。（指头、指甲、手心、手背）小手像什么？（树冠、扇子、孔雀尾巴、树叶、金鱼尾巴……）鼓励孩子大胆想象。

2. 小手做游戏。讨论：小手会表演什么动作？看谁想的动作多。

①巧手游戏：上上拍拍，下下拍拍；上拍拍，下拍拍；上下拍拍。（锻炼孩子小手的灵活性，体验玩小手游戏的快乐）

②鼓励孩子做出各种手部动作，及时表扬有创新的孩子。（如小手表演手腕花、吹喇叭、老鹰、小鱼游、小鸟飞、骑马）

三、小手与我

1. 画小手。

（1）小刚：（出示卡纸剪下来的手）小朋友，这就是我的一双小手，画得不赖吧！你们能用自己喜欢的方式画一画自己的小手吗？

（2）学生按照自己喜欢的方式画下小手。

（3）交流评价。拿一些同学画出来的双手展示给大家，表扬优秀者。

2. 能干的小手。启发孩子探究小手能干哪些事情，鼓励孩子大胆表达并表演。如小手会穿衣服，用小手动作创造性地表现出来。（也可把孩子表演的动作编成儿歌表现出来，让孩子边说边表演）

3. 音乐游戏《小手爬》。让孩子的小手随音乐在身体上爬一爬。

小手爬呀爬，一爬爬到头顶上。小手爬呀爬，一爬爬到小脚上……

根据歌词做相应的动作。问孩子：小手还能爬到哪里？最后小手爬呀爬，爬到了老师的图画上。

4. 手形添画。让孩子沿小手随意画出轮廓并添画内容，看能变出什么。

（1）出示范例，孩子先观察，小手变成了什么？（小手变小猫，小手变小兔，小手变笑脸……）启发孩子思考：小手还能画成什么形状？变成什么？

（2）启发孩子用自己的小巧手想象更多的手形，展示给其他孩子看，并按自己喜欢的手形沿小手画出轮廓，进行添画。教师指导。

（3）由易入难，扩展孩子思维。让孩子大胆尝试变换手的各种形状和姿势，创造性地组合两种手形画出新的图案。（如小手变老鹰……）

（4）展示作品，孩子讲述：巧手变变变，变成了什么？

5．分组操作，展示小手：孩子们，今天我还给你们带来了一些材料，我们来比一比，看看谁的小手最灵巧。出示操作材料，向孩子介绍操作方法（手形印画、手形添画、印画小手），孩子自由选择进行活动。

四、保护巧手

1．既然我们的小手那么灵巧，那么要时刻保持它的干净清爽才行哦。让我们一起来学学。

2．步骤分解，教师示范，学生跟学，掌握姿势要领。

第一步：掌心相对，手指并拢揉搓。

第二步：手心对手背，指缝搓一搓。

第三步：手掌相对，指缝搓一搓。

第四步：弯曲关节，半握拳在另一掌心旋转揉搓。

第五步：一手握另一手大拇指，旋转揉搓。

第六步：弯曲关节，合拢指尖搓搓掌心。

第七步：掌心搓揉手腕。

每个步骤坚持至少五秒，双手交换动作，用温水洗更干净哦！

3．指名三个学生上台学习演示，师生评价反馈。

4．准备好脸盆、洗手液、温水、水杯，模拟洗手场景。选择一名手比较脏的孩子在教室内巡走一圈，记录洗手前的瞬间。

5．下面的学生做小老师说一说动作要领，教这个孩子怎样洗手。

6．这个孩子张开干净的小手在教室内再次巡走一圈，记录小手洗后的瞬间，对比感叹前后的差别。自己闻一闻喷香的小手，体会满足感。

7．读一读《洗手小儿歌》，跟着《洗手跳舞小儿歌》的视频一起做动作，再次巩固洗手步骤的记忆。

8. 请一位自告奋勇的学生上台模拟洗手的全过程，其他学生做评委，加深洗手步骤的印象。

五、总结

老师在这里希望每一位同学都能拥有一双勤劳的手，自己的事情自己做，家里的事情帮着做，集体的事情抢着做，从小养成自强、自立的好品质，为将来成为全面发展的21世纪优秀人才打下良好的基础。

4月：足迹

13．先烈，是一面飘扬的旗帜

◎ 黑龙江省哈尔滨市香坊区风华小学　　张晶

[班会背景]

四月，是春意盎然的时节。在这样的美好时节里，人们不会忘记清明祭扫，也不会忘记对学生进行怀念革命先烈的教育。然而对于一年级小学生而言，悼念革命先辈这项活动与他们的生活相距甚远，在认知上存在着不小的距离。所以我们采用讲故事的形式，以在故事中体验为路径，激发孩子的爱国热情，同时能够对孩子进行爱国主义教育，学习革命先烈的优秀品质，启发孩子对当下生活的感悟，珍惜生活，热爱生活。

[班会目的]

1．回忆入队时的情景，使学生初步体会到加入先进集体时的光荣与自豪，并以此引起学生对革命先烈的追忆。

2．通过英雄的光荣事迹体会革命先烈的英勇无畏精神。

3．通过小记者采访活动，把英雄的高尚品质与自己的实际生活相联系，激发学生珍惜生活的信念，以及发扬革命精神的意识。

[班会流程]

一、照片导入，引出主题

1．播放学生入队时照片，体验入队时的兴奋与感动。

2．同学们，当站在烈士墓前宣誓的时候，你们有什么感受？

生1：成为一名少先队员，我很骄傲。

生2：红领巾是红旗的一角，我很光荣。

3. 师：是啊，当我们胸前的红领巾飘扬的时候，我们不会忘记抛头颅洒热血的革命先烈，是他们的浴血奋战才换来我们的幸福生活，今天就让我们走近他们，寻访他们走过的足迹。"寻找烈士的足迹"主题班会现在开始！

（设计意图：回顾入队时的情景，感受骄傲和自豪，感受今天美好生活的创造者——革命先烈的伟大精神）

二、演一演——《歌唱二小放牛郎》

1. 师：王二小，一个亲切熟悉的名字，他用年仅13岁的生命写下了动人的诗篇，让我们走入他的故事。

2. 生进行情景剧表演。

3. 让我们记住这位小英雄，再一次在歌声中纪念这不朽的英魂。全班齐唱《歌唱二小放牛郎》。

三、讲一讲——英烈故事我知道

师：你还知道哪些革命英烈的故事？请讲给同学们听。

生1：《董存瑞炸碉堡》。

狡猾的敌人，在桥上修了一个伪装得十分巧妙的暗堡，拦住了我军冲锋的道路。董存瑞看到战友的伤亡不断在增加，特向连长请战，要求把这座暗堡炸掉。但是连长说："你已经几次完成爆破任务了……"没等连长说完，董存瑞抢着说："我是共产党员，我的任务不只是炸几个碉堡。现在隆化还没有解放，怎么能算完成任务呢？就是只剩下我一个人，也要完成任务。"连长和指导员商量了一下，对董存瑞说："好，你去吧，千万要注意隐蔽。"董存瑞扶起炸药包，弯着腰冲了出去。在战友火力掩护下，他一会儿匍匐前进，一会儿又借着战友扔出的手榴弹的烟雾，站起来一阵猛跑。暗堡里，敌人的机枪越打越紧，子弹带着尖利的啸声，从他的耳边掠过。在快要冲进开阔地时，董存瑞指着前面的一个小土堆，对身边的战友说："你就在这儿掩护！"一阵手榴弹把敌人碉堡前的鹿砦、铁丝网炸了个稀巴烂。董存瑞趁这机会，冲进了开阔地，敌人的机枪更疯狂地朝这边射击，子弹打得他身边的尘土直冒烟。他抱着炸药包迅速猛冲到桥下。这桥离地面有一人多高，两旁是砖石砌的，没沟、没棱，哪儿也没有安放炸药包的地方。如果把炸药包放在河床上，又炸不着暗堡，河床上又找不到任何东西代替火药支架。怎么办？董存瑞不动了，他抬头看了看桥顶，又扭头向后望了一眼，略略愣了一下，突然身子向左一靠，站在桥中央，左手托起炸药包，紧紧贴住暗堡，右手猛地一拉导火索。导火索"哧哧"地起着火花和白烟！董存瑞巍然挺立，纹丝不动，像是一尊雕塑。这时他高声喊道："为了新中国，冲啊！"突然间，一声巨响，地动山摇。敌人的暗堡被炸得粉碎。

生2：《刘胡兰英勇就义》。

1946年6月，刘胡兰被批准为中共候补党员，这一年她才14岁。1947年1月12日，国民党阎锡山军队和地主武装"复仇自卫队"包围了云周西村，将群众赶到场地上，刘胡兰因叛徒出卖被捕。在敌人威胁面前，她坚贞不屈，大义凛然。敌人问她："你给八路做过什么工作？"刘胡兰大声说："我什么都做过！""你为啥要参加共产党？""因为共产党为穷人办事。""你'自白'吧，你'自白'了，就放了你，也给你一块土地。"刘胡兰说："你给我个'金人'，也不'自白'！"敌人恼羞成怒："你小小年纪好嘴硬啊！你就不怕死？"刘胡兰斩钉截铁地回答："怕死不当共产党！"残忍的敌人为了使她屈服，在她面前将同时被捕的6位革命群众用铡刀杀害。但刘胡兰毫无惧色，从容走向铡刀，壮烈牺牲，年仅15岁。

师：孩子们，听了先烈们的故事，你又有怎样的感受？
生1：珍惜今天的幸福生活。
生2：也要向先烈一样勇敢坚强。
生3：爱祖国，爱红领巾。
师：是啊，因为无数革命先烈们的流血牺牲，我们才拥有了今天幸福安定的生活，我们怎能不去珍惜呢？

一年级　55

四、看一看——《小兵张嘎》片段

1. 师：老师也为大家带来了一段影片，我们一起来欣赏。

2. 师生谈观后感受。

重点谈一谈小兵张嘎的机智勇敢，感受先烈们与敌人斗智斗勇的过程，激发自豪感。

（设计意图：让学生在小组搜集准备和不同形式的展示中，深深受到革命精神的感染和教育，并产生对革命先烈的敬佩之情，从而产生要学习先烈革命精神的意识）

五、访一访，践行革命精神

小记者采访，寻访革命故事之后，举例说说你应学习哪些革命精神。

（通过联系自己的生活实际，体会在学生身上应发扬的革命精神，并向身边的人学习，从而强化传承革命精神的意识）

六、唱一唱——《我们是共产主义接班人》

同学们，通过这节课，我们更了解了革命精神。让我们从小立志勤奋学习，掌握科学文化知识，准备着为祖国、为人民贡献一切，做好共产主义接班人。放音乐，齐唱《我们是共产主义接班人》。

（通过本次活动，激发学生弘扬革命精神，从小立志勤奋学习，掌握科学文化知识，准备着为祖国、为人民贡献一切，做共产主义事业接班人的意识）

七、拓展延伸

1. 开展"我是小小革命接班人"活动，活动分为加入、训练、提升、成长、成为接班人五个阶段，以学生在校学习和生活习惯为考核标准。

2. 出一期以"踏着烈士足迹前进"为主题的手抄报活动。

4月:足迹

14.清明诗歌记心中

◎ 黑龙江省哈尔滨市香坊区风华小学　芦珊

[班会背景]

让小学生通过活动,了解清明节的来历;通过课外搜集有关清明古诗词及各种形式的表演,如诗歌朗诵、讲故事、小组交流资料等,了解清明节民间传统习俗——禁火、踏青、扫墓、蹴鞠、荡秋千、插柳……使同学们更加喜欢有关清明节的古诗词,认识到清明节扫墓不仅是为了怀念自己的祖先,还要缅怀历史上为人民立过功、做过好事的那些人。通过班会活动,学生继承和发扬先烈们的革命精神,在今后的学习和生活中,立志做一个正直无私的人,长大以后为祖国做出应有的贡献。

[班会目的]

1.让学生通过本次主题班会课,了解清明节的来历及习俗。

2.让学生通过查找、学习和朗诵有关清明节的诗歌,增强对历史文化的热爱之情。在诗歌学习中缅怀先人、祭奠英雄,传承中华传统文化,激发他们的爱国情怀。

[班会流程]

一、诵《清明》,知清明

1.播放课件《清明》古诗新唱。

主持人:老师、同学们,大家好!这首诗歌大家是不是都很熟悉?"清明时节雨纷纷,路上行人欲断魂。借问酒家何处有,牧童遥指杏花村。"唐代诗人杜牧的这首古诗提到了我国的一个重要的传统节日——清明节。你了解哪些清明节典故和习俗?

2.学生结合课件介绍清明节有关知识。

相传春秋战国时,晋献公的妃子骊姬为了让自己的儿子奚齐继位,就想出毒计谋害太子申生,申生被逼自杀。申生的弟弟重耳为了躲避祸害,流亡出走。在流亡期间,重耳受尽了屈辱。有一次,重耳饿晕了过去。介子推为了救重耳,从自己腿上割下了一块肉,用火烤熟了给重耳吃。19年后,重耳回国做了晋文公。晋文公执政后,对那些和他同甘共苦的臣子大加封赏,唯独忘了介子推。有人在晋文公面前为介子推叫屈。晋文公猛然忆起旧事,心中有愧,马上差人去请介子推上朝受赏封官。可是,差人去了几趟,介子推都不来,晋文公只好亲自去请。介子推不愿见他,背着老母躲进了绵山(在今山西省介休市东南)。晋文公便让他的御林军上绵山搜索,始终找不到。于是,有人出了个主意说,不如放火烧山,三面点火,留下一方,大火起时介子推为了活命会自己走出来的。于是晋文公下令举火烧山,谁料大火烧了三天三夜,始终不见介子推出来。晋文公上山一看,介子推母子俩已经抱着一棵烧焦的大柳树死了。晋文公非常难过,为了纪念介子推,晋文公下令把绵山改为"介山",在山上建立祠堂,并把放火烧山的这一天定为寒食节,晓谕全国,每年这天禁忌烟火,只吃寒食。

清明节的习俗。(课件演示)
禁火冷食、祭奠祖先、荡秋千、蹴鞠、放风筝、踏青。

二、赏诗歌,念清明

主持人:一首《清明》让我们知道了传统节日清明节,了解到清明节有这么多的习俗和丰富的活动。其实,在我国古代,人们就经常用写诗的方式来纪念清明节,接下来我们说说在课外收集到的有关清明节的古诗。

1.先分组交流,做好统计归纳,不重复不遗漏。

2.以组为单位,汇报本组的成果,注意汇报的形式。

建议形式：读古诗说故事；唱古诗诵古诗；演古诗记古诗；等等。（月月收集相关诗歌并改编成故事或小品）

3. 大家一起高声朗诵同学们收集到的所有古诗。

师：通过大家的展示，我们知道在浩如烟海的古代文学宝库里，关于清明节的诗词汗牛充栋，老师帮助大家挑选了其中经典的三首，把它们分为"迷人的春光""祭扫的哀思"和"踏青的欢乐"三类，与同学们共同分享。

第一首，迷人的春光——《寒食》。

寒食，是古代的一个传统节日，在清明节的前一天。古人从这一天起三天不生火做饭，家家禁火，只吃现成食物，所以叫寒食。这首诗说，春天的长安城里处处飘扬着柳絮，像片片花瓣在飞舞，风把皇家花园的柳枝都吹斜了，夜色降临，皇宫里忙着传蜡烛，那些蜡烛之火燃起的烟雾笼罩了宫殿，袅袅的轻烟被风吹到了王侯贵戚的家里。"春城无处不飞花"已成为千古传唱的佳句。让我带领大家共同诵读一遍好吗？从"春城无处不飞花"开始，预备——起："春城无处不飞花，寒食东风御柳斜。日暮汉宫传蜡烛，轻烟散入五侯家。"

通过前面的了解，我们知道清明节的主要习俗是扫墓。下面，让我们一起了解一首有关祭扫的诗。

第二首，祭扫的哀思——《清明》。

清明这一天，南山北山到处都是忙于上坟祭扫的人群。焚烧的纸灰像白色的蝴蝶到处飞舞，人们的哭泣如同杜鹃鸟哀啼时要吐出血来一般。黄昏时，静寂的坟场一片荒凉，只有狐狸躺在坟地睡觉。夜晚，上坟归来的儿女们在灯前欢声笑语。人死之后，儿女们到坟前祭祀的酒哪有一滴流到过阴间呢？

清明节春光明媚，空气清新，人们纷纷到野外踏青，领略大自然的美景。下面，让我们一起来感受几千年前古人春游的欢乐。

第三首，踏青的欢乐——《苏堤清明即事》。

作者通过清明时节西湖游春的热闹繁华景象，着意描绘踏青的欢乐气氛，借节日的繁华来赞美西湖好，西湖美。上半段是写人们来湖边春游的情景，作者没有直接写西湖风光，而是写游人争先恐后涌到西湖边来，从侧面表现西湖景色对人们的吸引力。用"满目繁华"和"争道谁家"来描绘当时车水马龙的情景，从而点明了春游的盛况。下半段则是写他们日暮兴尽而归的景象，各种欢乐的声音汇聚成一片喧哗伴随着人流而去，路边的野花正开，一路不断，花伴人行。这首词从开始到结束都贯穿着"繁华""喧哗"的节日气氛，全词构成一幅生动壮美的春游图。

三、创诗歌，记清明

主持人：古诗写出了我们对清明的了解和记忆，其实，清明节发展到今天，更成为中国人民缅怀那些为祖国和人民抛头颅、洒热血的英雄的纪念日。看，人民英雄纪念碑上镌刻的就是人们对革命先烈的赞歌。

1．出示视频资料《英雄赞歌》。

2．从古至今，人们用大量的诗歌书写着清明节对已故亲人的思念、对民族英雄的缅怀、对优良传统的尊敬。今天，我们应该继承和发扬这种优良传统，用自己的手，写出自己心中对清明的理解和记忆。

3．创编诗歌记清明。

4．诵读自我创编的诗歌。

四、班会总结

主持人："红花无情笑东风，青山有幸埋忠骨。"今天我们在赏古诗、诵古诗中了解到清明节的许多典故，更在"创诗歌、记英雄"中增添了缅怀先烈、忠心报国的豪情。希望我们能够将古诗牢记心中，将清明敬祖先、爱他人的精神体现在我们的行动中！

5月：自护

15. 红领巾飘起来

◎ 江苏省扬州市邗江区实验小学　孙伟

[班会背景]

　　胸前飘扬的红领巾，不仅是一种标志，更是一种责任。目前在学生之中，通过观察与调查，红领巾损坏、污染、随手丢弃的现象十分严重。如何让学生意识到这种行为的不妥，大道理几乎每个人都会说，从细微处把大道理讲透，把大道理讲明白，才是真正的教育。这些内容的班会，主要是体验，在充分感受的基础上，才能让每一位队员知道爱惜红领巾，用自己的实际行动，让红领巾在胸前飘扬，更在心灵的高地上飘扬。

[班会目的]

　　1. 通过采访，了解自己学校组织的少先队活动。

　　2. 愿意参加少先队活动，并为少先队活动出谋划策。

　　3. 通过情景表演，懂得作为少先队员应具有积极进取、诚实守信、互帮互助、团结友爱、克服困难等优秀品质。

[班会流程]

　　一、激趣导入

　　同学们，你们喜欢猜谜语吗？请看大屏幕。（课件出示）

　　　　小小红三角，天天跟你跑，你若猜不着，胸前瞧一瞧。（打一学习生活用品）

一年级　61

学生齐读，然后猜。

生：谜底是红领巾。

师：对。谜底就是红领巾。

导入课题并板书：这节课我们就来学习《红领巾飘起来》。（板书：红领巾胸前飘）

二、多彩的少先队活动

师：老师给大家带来了一首非常好听的歌，这首歌的名字叫《红领巾飘起来》，请欣赏。（课件播放）

师：刚才我们听了《红领巾飘起来》，现在让我们怀着喜悦的心情走进多姿多彩的少先队活动中。（板书：多彩的少先队活动）

1. 回忆少先队活动。

请同学们仔细回顾一下，你们都参加过学校组织的哪些少先队活动？你最喜欢哪个活动？为什么？（学生交流）

生1：我参加过大合唱。

生2：我参加过运动会。

…………

师总结：同学们在一年的时间里，就参加了这么多的活动，你们可真了不起！看来，丰富多彩的少先队活动的确给我们每一位同学留下了深刻的印象。

由于你们的年龄比较小，有些活动你们不能参加，你知道大哥哥、大姐姐还参加了哪些少先队活动吗？（学生交流）

师：同学们知道得可真多，看来大家都非常关心学校开展的少先队活动。

2. 展示少先队活动的图片。

师：老师有一些少先队活动的图片，你们想看吗？（课件出示）

学生边看边交流。

师对一些图片进行总结。

升国旗：同学们，面对冉冉升起的五星红旗，聆听着雄壮嘹亮的国歌，一种庄严感、自豪感便会油然而生。让鲜艳的五星红旗在我们学校的上空，在每一位同学的心目中永远高高飘扬。

清明节：是啊，每逢清明节，同学们都会向革命烈士敬献花圈，缅怀革命先烈的丰功伟绩，以表达对烈士的沉痛哀悼。我们胸前的红领巾就是革命烈士的鲜血染成的，我们一定要继承先烈的遗志，为祖国的繁荣富强发奋学习。

爱心捐款：通过爱心捐款活动，少先队员们发扬了"一方有难，八方支援"的精神。这正可谓"只要人人都献出一点爱，世界将变成美好的人间"。

3. 那么你们还能为我们的少先队活动做些什么呢？

（学生讨论）

师总结：同学们为我们的少先队活动提出了这么多金点子，老师相信，在同学们的共同努力下，我们学校的少先队活动一定会开展得更加扎实有效，更加丰富多彩，我们也能从中得到更大的快乐！

三、情景表演——红领巾告诉我

1. 现在请同学们看一看每一幅图的意思，想一想怎么表演。我们将请几个小组上台表演。

2. 教师在学生自选的基础上协调，每幅图由一个小组表演。

3. 师：（提要求）各组同学在组长的组织下先讨论少先队员在遇到这种情况时应该怎么做，然后再分配角色。尽量让每个同学都有角色参与表演。比如第一幅图，可以安排售货员、爸爸妈妈等角色，最后练习表演。

4. 小组活动，老师巡视，指导。

5. 师：请各组按顺序上台表演。

6. 小组表演。

7. 师：看完这些小表演，你有什么感想？少先队员应该具有哪些品质？

8. 学生发言。

9. 全课小结。

师：老师编了一首童谣，送给同学们：

红领巾，胸前飘，提醒你，提醒我。
少先队员要诚实，遇到困难要克服。

犯了错误敢承认，同学之间要友爱。

话说出口要算数，对待别人多帮助。

10. 学生带着感情自由朗读。

四、小结

红领巾是红旗的一角，是烈士们用革命鲜血染成的，所以每一位队员都要爱惜它，为它增光添彩，在自己的岗位上，做出自己的贡献。

五、延伸

1. 每个小队为自己所在社区设立一个"红领巾先锋岗"，在社区承担一份责任。

2. 每一位参与的队员，在活动结束以后，打卡积分。

5月：自护

16．我掉了一颗牙

◎ 广东省连南县淳溪小学　付秋燕

[班会背景]

有一天，一个小朋友突然哇哇大哭，而且满嘴都是鲜血，这一下子可把老师吓得够呛。一问才知道是掉了一颗牙。一年级这个年龄段的孩子会陆陆续续掉牙、换牙，这是正常现象。但是孩子没有这方面的经验，孩子对于牙齿的保健常识知之甚少，同时由于家长对孩子在保护牙齿方面缺乏指导，有的还会出现不科学的现象，让有些孩子在最初换牙时有着害怕和担心的心理。掉了一颗牙，从正常现象中让学生学会自护。

[班会目的]

1．了解换牙的过程，知道换牙时要注意的事项，正确面对换牙，不必惊慌。

2．知道保护牙齿的重要性，养成爱牙、护牙的好习惯。

3．体会换牙给自己带来的特殊感情，并与大家分享换牙期所带来的成长喜悦和烦恼。

[班会流程]

一、猜谜语，提起学生的兴趣

谜语：上下两排兵，驻守大门口，谁要进门去，打得碎粉粉。

师：老师知道小朋友们最喜欢猜谜语了，是不是啊？

生：是！

师：你们知道刚才老师说的谜语是什么吗？

生1：是大树，大树像解放军叔叔一样，站在大路两旁还有大门两旁，一动不动，可直了。

师：你的想象很丰富，不过不是这个谜语的答案，请你坐下再想想好吗？

生2：是警察。他们站在大门两旁。

师提示：他们穿着白色的衣服，上下两排很整齐。中午饭菜要被它磨碎，早晚用牙刷把它洗干净。它对我们的身体健康很重要。有一句话这样说："什么好，胃口就好，身体倍儿棒，吃嘛嘛香！"

生抢答：谜语答案是牙齿。

师：对，小朋友们真聪明，牙齿对我们很重要，你想了解它们吗？

生：想。

二、交流换牙的感受

请两个学生站在讲台上张大嘴巴，让其他同学观察这两个学生的牙齿。

师：你们发现这两位同学的牙齿有什么不一样吗？

生1：左边的这个同学掉了两颗牙齿。

生2：右边的这个同学的牙齿好白。

生3：右边的这个同学的牙齿好整齐，还没有换牙。

师：有哪位同学可以说一说换牙的感受啊？

生1：我第一次换牙是读一年级的时候，那时候正在上语文课，牙齿被我用手摇了几下就掉了，出了好多的血，当时我急哭了。

生2：我第一次换牙是在家里，当时正吃着饭，听见"嘣"的一声，牙齿掉了。但我不害怕，因为我见过哥哥换牙。

生3：我第一次换牙是在上一个星期，掉牙的前几天，我的牙齿松了，我总是忍不住要用手去摇一摇牙齿，想把它弄掉，可是怎么都不掉，最后被爸爸用力地拔下来了，好痛。

师：看来很多同学都经历过换牙了，最初换牙时总感到害怕担心。其实，换牙是我们每个人都要经历的过程。换牙的特殊经历，让你们真的长大了！

三、认识恒牙、乳牙及换牙应注意什么

听故事《乳牙和恒牙的对话》。

我已经开始换牙了。瞧,一颗门牙正缺着呢,还有一颗牙老是动来动去,也快要掉了。妈妈告诉我,乳牙掉了就会换成恒牙,恒牙很重要,会陪伴我一生呢。一天夜里,我听到了乳牙和恒牙在说话:

乳牙说:"我好好地给主人工作着呢,你为什么挤我?"

恒牙说:"主人都7岁了,该换恒牙了。你的工作结束了。"

乳牙很难受:"我好好的呢,而且主人对我很好,天天刷牙,一点都没蛀牙。这样离开主人,心里真是难受。"

恒牙说:"看来主人真是讲卫生的好孩子。你离开了,我会接替你把工作做得更好的。"

乳牙说:"这几天我在主人嘴里动来动去的,真不舒服。主人都不能好好吃东西。"

恒牙说:"没关系。正常现象嘛,掉了就好了。"

乳牙说:"你一定要好好长呀,别让主人失望。"

恒牙说:"我一定是最棒的!"

然后乳牙和恒牙一起睡着了,我在他们的对话中也美美地睡着了。

师:听了这个故事,你们认识到什么是乳牙和恒牙了吗?

生1:知道了,掉的牙齿是乳牙,新长出来的是恒牙。

师:我们换牙时应该注意什么呢?

生1:不要用手大力摇松动的牙齿,会弄伤牙龈。

生2:不要老是去舔掉了牙齿的地方。

生3:不要吃那么多零食。

师小结:

1. 不要摇动自己已松动的牙齿,不要舔自己新长出来的牙,不要用手摸,否则长出的牙齿不整齐。

2．睡前不要吃零食，要保持自己的口腔卫生。长新牙时少吃甜食，要经常吃一些含钙多的食物。

3．乳牙没掉就长出新牙时应该到医院看医生，这样我们的牙齿才能长得既整齐又漂亮。

四、如何保护牙齿

师：老师先请孩子品尝饼干，然后请孩子拿出镜子照照：你发现了什么？

生：我发现牙齿上还有很多小饼干屑。

师：我们只吃了一小块饼干，牙齿上就留下了这么多残渣。如果不及时清理，这些残渣会对牙齿产生什么影响呢？

生：牙齿会变成蛀牙。

师：吃东西会留下很多残渣，因此早上和晚上都要刷牙，那么怎么才是正确的刷牙方式呢？老师请一名同学示范讲述正确的刷牙过程：用水杯接一杯水，先在牙刷上挤点牙膏，再喝一口清水漱口，然后开始刷牙，将牙膏泡沫吐出来，最后喝水将嘴漱干净。（指导正确的刷牙姿势）

五、班会小结

换牙时期是非常重要的，希望同学们记住正确的刷牙方法，还希望你们每次刷牙后都用小镜子检查检查，让镜子成为你护牙的小帮手。

争做护牙小明星：请孩子或爸爸妈妈按表记录幼儿每天刷牙的情况，每做到一次就得一颗星。看看谁得的星最多，谁就会拥有一口健康、漂亮的牙齿，成为健牙小明星。

6月：行走

17. 大眼看世界

◎ 江苏省扬州市邗江区实验小学　严茵茵

[班会背景]

令人期盼、愉悦的暑假即将开始。但是如何安排暑假生活，却成为了学生和家长关心的话题。对于学生而言，暑假无疑是一个难得的休息、放松的好时机，可有的学生误认为放假就是睡觉、打游戏。假期的意义是什么？假期里如何开展丰富多彩的活动？如何让自己的脚步走得更有意义？指导和帮助学生过好第一个有价值的暑假就显得特别有意义。

[班会目的]

1．了解祖国的大好河山，领略各地美丽的风景，拓展知识面。

2．通过活动培养学生的活动能力，陶冶学生的情操，培养学生热爱祖国，为建设祖国而努力学习。

3．建议学生在家长的指导下，做一个小小的旅游攻略，在策划中提升自己的综合能力。

[班会流程]

一、谈话导入

班主任：前几天，有几位同学跟我说，放暑假他要回老家，想请严老师和我们暑假到他们家乡去做客。可是我们班有镇江的、安徽的、山东的，这么多地方我们可来不及跑呀，所以今天我请了一个头脑团，帮我参谋参谋，看看今年我们上哪儿去。

头脑团：好！今天我们就做同学们的军师，帮大家参考参考。现在就请各位小导游，拿出你们的"美味佳肴"来招待吧！我们已经等不及了。

二、小导游介绍：家乡美（图片展示）

班主任：下面就请各位小导游介绍你们的城市吧，拿出你们的特色来！（事先上网查资料）

1. 桂林——桂林山水甲天下。

小导游1：我的家乡在桂林，今天我要带领大家到美丽的桂林，看一看桂林的山水（边出示PPT图片，边介绍桂林）。桂林的水真静啊，静得让你感觉不到它在流动；桂林的水真清啊，清得可以看见江底的沙石；桂林的水真绿啊，绿得仿佛那是一块无瑕的翡翠。桂林的山很奇，有的像象鼻，有的像骆驼，有的像笔架……

班主任：听了你的介绍，老师仿佛现在就置身于桂林山水之中！桂林的风景确实美如画，我真舍不得走了，我要游赏桂林的每一个角落！

2. 四川——九寨风光世无双。

小导游2：用四川方言说：我的家乡在四川成都（PPT展示四川九寨沟风光图片）。我们四川可是好山好水好风光啊！还有地地道道的四川风味小吃，比如麻辣火锅、三大炮等，包您回味无穷。大家一起来游玩吧！在我们四川成都，还有我们的国宝大熊猫，憨态可掬，可爱极了！

班主任：哇！可爱的大熊猫，诱人的麻辣火锅，老师真想现在就去四川！

3. 安徽——黄山归来不看岳。

小导游3：有句俗话说："五岳归来不看山，黄山归来不看岳。"北京人民大会堂的安徽厅里挂的就是黄山的迎客松呢！来来来，听完我们的相声，同学们肯定想去了！

小导游4：黄山的风景如画，令人陶醉。

小导游3：那你说给大家听听！

小导游4：比如黄山四绝。

小导游3：哪四绝呢？

小导游4：这都不知道！让我说给你听吧！你看，那温泉如仙境，怪石千奇百怪，云海云雾缥缈，奇松形态各异（PPT图片展示）。

小导游3：听你这么一说，真是绝。

小导游4：我们要珍惜这美丽的景色，让更多的人领略它的美。

班主任：奇绝的黄山真的吸引住我了，暑假我想去爬黄山，看看黄山四绝，有和我组队的吗？

4．江苏扬州——天下三分明月夜。

班主任：我们班大部分孩子的家乡都是——江苏扬州，我们扬州历史悠久，环境优美，还得过联合国人居奖呢！你们作为扬州人，自豪吗？想不想把扬州介绍给其他城市的同学，让他们趁着暑假也来扬州游玩游玩？谁来做扬州的小导游？

小导游5：我们的家乡扬州市是一个被唐诗宋词浸泡过的城市，"故人西辞黄鹤楼，烟花三月下扬州""天下三分明月夜，二分无赖是扬州""二十四桥明月夜，玉人何处教吹箫"，都是耳熟能详的诗句。扬州是一个令人感觉舒适的小城市，环绕着运河的有绿树成荫的小道，还有富含特色的石桥和小凉亭，还有美丽的瘦西湖、个园、何园，还有闻名的鉴真大师的寺庙大明寺、扬州八怪纪念馆……

三、头脑团交流意见

班主任：听了几位小导游的介绍，严老师哪里都想去呢！觉得两个月的暑假时间真不够用！现在请头脑团帮严老师出出主意吧！

交换意见一：我们去哪儿？

头脑团1：四川的旅游资源可真是丰富啊！我是个"小吃货"，好想尝尝麻辣火锅，看看可爱的大熊猫呀！

头脑团2：严老师，严老师，听我的！去桂林！难道您不想每天生活在桂林，那美丽的画面你不向往吗？

头脑团3：去安徽！去黄山！去爬爬黄山，领略"黄山四绝"！既锻炼了身体，还开阔了眼界呢！

头脑团4：我哪儿都不想去，只想把我们家乡扬州彻彻底底地游玩一遍，游遍扬州的名胜古迹，走遍扬州的大街小巷，把家乡扬州深深记在心中。

交换意见二：选择交通。

头脑团1：选择有高铁的地方，速度比较快，人不会太累。

头脑团2：选择飞机出行，体验高空旅游。

交换意见三：计划费用。

班主任：听了头脑团的建议，我真是感慨万千。现在你们最想去哪儿呢？谁来和我们分享分享？

学生自由发言交流。

班主任：祖国山水如此美丽，新的时代已经来临，我们祖国的明天一定会更加美好，此时此刻，你们应该已经有自己的想法了吧！让我们暑假一起出去游玩游玩，看看美好的中国！

四、班会总结

班主任：今天我们这节班会课请了许多小导游向大家介绍了他们的家乡，也为我们即将到来的暑假旅游作了推荐，想必同学们心里面应该已经有了心有所属的城市。那就抓紧暑假的时间，和爸爸妈妈、爷爷奶奶、外公外婆们一起去游玩吧，看看中国的大好河山！

6月：行走

18. 我的多彩童年

◎ 广东省连南县顺德希望小学　李巧清

[班会背景]

童年是一首诗，童年是一幅画，童年是纯真难忘的岁月。身处童年，我们每天都在编织着美丽的故事。一只昆虫，一个玩具，一次发现，一场争执……看起来微不足道，却饱含着我们的快乐、梦想和追求。通过举行"我的多彩童年"主题班会，让大家谈自己的童年趣事，于活动中感受童年，并学会享受童年的幸福生活。

[班会流程]

童年像春天一样美丽，我们就像娇艳的花朵，像快乐的小鸟，在一（1）班这个温暖的花园里竞相开放，自由飞翔。今天就让我们一起展示我们的风采，畅想缤纷的童年生活。

一、我从哪里来？——最美的音乐

导入：播放婴儿哭声。

主持人甲：8年前的某一天，随着一声响亮的啼哭，我们的爸爸妈妈迎来了一个小生命。

主持人乙：一声声的啼哭，好似一串串跳跃的音符，汇集成一支支动人的旋律。妈妈说那是她听到的最美的音乐。

主持人甲：从此，一个稚嫩的生命在朝阳的沐浴下，雨露的滋润里，一天天成长，在不知不觉中步入了一个多彩的童年时代。

一年级　73

主持人乙：这是自然的智慧，一首完美的诗，像夏花般绚丽多彩，如秋叶般沉美恬静。

主持人甲：童年是一份最美好的回忆。

主持人乙：童年是一首最精致的小诗。

主持人甲：童年的心是放飞的。

主持人乙：童年是五彩缤纷的。

合：一（1）班"我的多彩童年"主题班会现在开始。

二、童年趣事——我来讲

主持人甲：用手轻轻地翻开相簿，一张张用时间换来的美丽照片，出现在我的眼前，跟随着照片上的时间足迹，我走进了照片里……

主持人乙：瞧！她多可爱啊！"咔嚓"，一张值得永久留念的照片就这么出来了。你们猜猜这小家伙是谁。（大屏幕展示学生小时候的相片）

孩子们看到自己的照片，分享照片里的趣事。

主持人甲：面对一张张照片，我们回忆过去。那个对着镜头傻笑的孩子；那个自己动手吃饭，弄得满地都是饭的孩子；那个刚刚学会走路的孩子……这些镜头都被我们的爸爸妈妈捕捉到了。

主持人乙：今天，当我们再次欣赏这些照片时，它们就像一串串珍珠，从尘封的记忆里出现，它让我们高兴，让我们久久地沉浸在幸福的回味中。是它，记录了我们的童年；是它，让我们回味童年的趣事。

三、童年回忆——我来听

1．童谣猜猜看。

主持人甲：童年是一首歌，是一首动听的歌。

主持人乙：童年是一首歌，跳跃着美妙的音符。

主持人甲：下面我们来听一听，你知道它们的歌名吗？

（1）《两只老虎》：两只老虎、两只老虎，跑得快，跑得快，一只没有耳朵，一只没有尾巴，真奇怪，真奇怪。

（2）《健康歌》：左三圈、右三圈，脖子扭扭，屁股扭扭，早睡早起，咱们来做运动。抖抖手啊，抖抖脚啊，勤做深呼吸，学爷爷唱唱跳跳，我也不会老！

(3)《一分钱》：我在马路边，捡到一分钱，把它交到警察叔叔手里边，叔叔拿着钱，对我把头点，我高兴地说了声：叔叔，再见!

(4)《小星星》：一闪一闪亮晶晶，满天都是小星星。挂在天上放光明，好像许多小眼睛。一闪一闪亮晶晶，满天都是小星星。

(5)《数鸭子》：门前大桥下，游过一群鸭，快来快来数一数，二四六七八，咕嘎咕嘎真呀真多呀! 数不清到底多少鸭，数不清到底多少鸭……

主持人乙：这一首首熟悉的旋律，不正是我们童年的伴奏吗？是它们，陪伴着我们成长。

2. 动画片猜猜看。

主持人甲：陪伴着我们成长的可不只有歌曲，看! 还有这些呢!

主持人乙：请你猜猜看，你能准确地说出动画片的名称吗？

(1) 播放《喜羊羊与灰太狼》节选。

(2) 播放《熊出没》节选。

(3) 播放《大头儿子和小头爸爸》节选。

(4) 播放《海绵宝宝》节选。

主持人甲：这些动画片时而引我们开怀大笑，时而又让我们学到东西，可真受益! 有动画片陪伴着我们成长，我们的童年可真快乐!

四、童年游戏——我来玩

主持人乙：童年有歌曲和动画片的陪伴，让我们不孤单。但让我们变得更快乐的，不用说，就数我们的游戏了!

主持人甲：说说看，你们平时玩过什么游戏？

同学答："丢沙包""跳橡皮筋""打弹弓""跳房子""老鹰捉小鸡"。

其中一个学生介绍"跳房子"的游戏规则：教学楼前的黄土地操场上画了一幢造型新颖、8个房间的"房子"，所有的房间都标上了序号。然后，我们找来几块又扁又平的小沙包，把它作为投掷的工具。

主持人乙：上次活动课的时候，我们就是玩了这个游戏，可真好玩!

五、童心飞翔——我来诵

(配乐：《童年》纯音乐)

主持人甲：童年是一份份美好的回忆。

主持人乙：童年是一首首精致的小诗。

主持人甲：童年更是一幅幅美丽的画。

合：现在，就让我们拿起手中的彩笔和画纸，描绘出我们眼里的多彩世界。

(同学们用自己的画笔画画)

班会结束：

主持人甲：童年是我们美好的回忆。

主持人乙：今天，我们用照片道出了童年的趣事。

主持人甲：我们用歌曲唱出了童年的旋律。

主持人乙：我们用动画片放出了童年的童真。

主持人甲：我们用游戏玩出了童年的快乐。

合：我们用画笔共同描绘出童年美好的明天，让我们在《童年》的歌声中结束"我的多彩童年"主题班会。谢谢大家！

全班合唱歌曲《童年》。

六、班会总结

每个人都拥有自己五彩缤纷的童年，童年是人生最珍贵的东西，它是你一生的开始，拥有了它你就拥有一生，所以我们应该珍惜它。让我们好好地享受童年的欢乐，让童年变得绚丽多彩！

二年级

尊师

岗位

阅读

自护

成长

文明

传承

欢乐

远足

二年级

二年级的同学已经不是新生，但教育依旧需要从细微处入手。

小学生涯中的第一个暑假，值得回味；上一年学习生活中的点点滴滴，需要咀嚼；做好小小岗位工作，有笑也有泪；学会了礼仪，可以更好地与人交往；敬重先烈，因为我们是光荣的少先队员……孩子们的未来更加值得期待。

9月：尊师

1. 暑假，"牛仔"很忙

◎ 河南省济源市济渎路学校　张小娟

[班会背景]

开学伊始，学生们似乎还沉浸在快乐的暑假回忆中。他们课上课下热衷于谈论假期见闻，课堂上注意力不集中。是兴奋激动难以自已还是心在外地？为了尽快让学生以正常的状态回归校园生活，更为了让学生彼此分享见闻，增长见识，逐渐明白事理，让读万卷书与行万里路和谐统一，一次班会的分享尤为重要。

[班会目的]

1. 分享假期见闻，增长见识。

2. 通过分享，明白诸如假期安全、文明出游、多样生活等。

3. 通过分享，明白学习是生活的一部分，促使学生"收心"，以正常状态回归校园生活。

[班会流程]

一、班会导入

站在原处，跳《拍手操》。（配乐：《如果幸福你就拍拍手》）

（学生情绪高涨，快速进入班会状态）

师：幸福生活，快乐暑假。开学这几天，我发现同学们很爱在一起交流暑假见闻。今天第一周班会，我们就来聊聊暑假的事。（出示主题：暑假，我很"忙"哦）

生：好！

二、暑假，我来啦

（一）快乐的暑假

师：大家可以畅所欲言哦，难忘的、有趣的……都可以说。（学生纷纷举手）

生1：我在暑假跟着爸爸妈妈到杭州玩了，请看我们拍的照片。（该生出示照片）

生2：我在暑假跟着家长到新疆旅游了，这是我从那里带回来的小巴郎戴的帽子。你们看——（该男生戴上有民族特色的帽子，同学都拍手大笑。一些男孩子抢过帽子来戴。教师在不伤害学生兴趣的前提下，组织课堂纪律）

生3：我跟爸爸去郑州方特水上乐园去玩了，我都舍不得走。

（同学们畅谈和家长外出旅游的事情）……

师：大家觉得快乐吗？

生：快乐！

（二）无奈的暑假

师：我发现有几名同学的脸上并没有绽开笑容哦，难道你们的暑假不快乐吗？

生：是啊。本来妈妈说要带我去旅游，谁知道外公砸了脚。妈妈在家照顾外公，我呢，哪儿也没去。

生1：我也很倒霉，一放暑假，妈妈就给我报了钢琴班、拉丁舞班、画画班……（该生的话没说完，好几名学生都开始"诉苦"了）

生2：暑假，爸爸给我报了乐高兴趣班、跆拳道班、小提琴班！

生3：老师说，三年级才学英语。可爸爸在暑假就给我报英语补习班啦——

师：也就是说，你们觉得自己的暑假——

生：痛苦、无聊！

三、我的暑假有意思

（一）精心安排的暑假促成长

师：老师告诉大家，从前有一位雕塑家叫罗丹，他说，生活中不是没有美，而是缺少发现美的眼睛。就拿刚才那位因外公受伤而没能去旅游的同学来说吧，大家想一想，他的暑假真的没意思吗？（学生思考）

生1：他在家看电视，就挺有意思的。

生2：还能打游戏！

生3：虽然妈妈去照顾外公了，但我答应妈妈每天看电视、用电脑不超过1个小时。

师：我觉得这位同学自己能管住自己。你看，妈妈很忙，却锻炼了你的独立能力！

生：我觉得他的妈妈去照顾外公，他应向妈妈学习，也会成为一个好孩子。

师：这位同学说得多好。老师所说的"有意思"就是这个道理。

生：我觉得他可以在家读好多书啊。

师：对呀，平时还不一定有这么多空闲时间呢。

生1：是的。我把乐高玩具、《小猪唏哩呼噜》都带到了那里。妈妈在照顾外公的时候，我就在旁边玩。大家都夸我懂事。对了，我还帮外公拿毛巾了。

生2：你真棒。

师：对啦。不一定外出旅游就是幸福。旅途中，会有很多烦恼；在家里，也能找到收获。那几个上补习班的同学，你们在其中发现快乐了吗？

生1：我上英语补习班时，老师教给我们很多记单词的方法，可有趣了。

生2：快开学的时候，钢琴老师带我们去文化城表演了。爸爸给我租了燕尾服，我还化了妆。上台表演的时候，我心里可紧张了。表演完，大家都给我鼓掌。我心里可高兴了。

师：多么难忘的经历呀！

生1：我们足球队训练可辛苦了。天又热，后来教练带我们去郑州看建业队的比赛。我一直在喊"加油"，最后嗓子都喊哑了。

生2：我在暑假学习打乒乓球，爸爸说，打乒乓球对眼睛好。

生3：我学会了游泳。

师：是啊，学到知识，学到本领，也是一种快乐。不过，如果你认为上好几个培训班非常累，就要有礼貌地、诚实地和爸爸妈妈说一说自己的心里话。相信爸爸妈妈一定会尊重你的意见的。

（二）快乐体验的暑假收获多

师：暑假期间外出游玩的同学，听了刚才几位同学的发言，你们有收获吗？除了欣赏到美丽的风景，购买到有趣的特产，你们在旅游时，还收获到什么？

生：暑假时，我和几个小伙伴一起，把自己的一些玩具、书整理好，拿到世纪广场上去卖。

师：哦，我们班出现了一个小老板呢。说说你最难忘的。

生：那天午休起来，我们几个人先把玩具放在一个大箱子里，把书捆好。爸爸帮我们把东西运到广场上，妈妈帮我们铺好布。天气很热，我们把要卖的东西摆好后，都累出了一头汗。开始广场上人很少，有的大人走过来，翻一翻，也不买。还有的大人光和我们聊天，问我们为什么要摆摊，是不是家里没钱了。我们告诉他："是为了锻炼自己。"他才走了。他什么也没有买。（大家都笑了）

师：当时你心情怎样？

生：我很累，也很生气，但不敢生气。妈妈说，做生意就要和气，不能因为人家不买你的东西就生气。

师：让我们为他鼓掌！（学生鼓掌）最后卖出去了吗？

生1：到了傍晚，人多了，东西就卖出去了一些。本来我们卖得就不贵，有的人还和我们讲价呢！

生2：你给他优惠了吗？

生3：没有！我也和他讲价。他被我说服了，没有便宜。（学生为他鼓掌）我们一共挣了二十多块钱呢！

生4：哇！

师：从这次"经商"的经历中，你们收获了什么？

生1：挣钱太不容易了，我们花钱可不能大手大脚。

生2：太累了。妈妈说，正儿八经做生意，还得办营业执照，还得用水用电，像你这样，早赔光了。

生3：我觉得这位同学很勇敢，我就不敢这样做。

师：自己劳动挣来的钱，一定很有意义吧。

生1：是的。

生2：老师，我和他不同，是在家里干活挣钱的！

师：你的暑假也别有趣味。

生：暑假时，我们一家人去西湖旅游了，我们还在西湖边喝茶了呢！

师：位于我国浙江杭州的西湖，是个好地方。你能介绍介绍吗？

生1：可以。（该生出示自己与父母共同制作的PPT，教师帮助播放，该生简要讲解）

生2：我想起了咱们背过的诗。（学生诵读三首古诗，教师根据背诵内容播放PPT）

题临安邸
〔宋〕林升

山外青山楼外楼，西湖歌舞几时休。

暖风熏得游人醉，直把杭州当汴州。

晓出净慈寺送林子方
〔宋〕杨万里

毕竟西湖六月中，风光不与四时同。

接天莲叶无穷碧，映日荷花别样红。

饮湖上初晴后雨
〔宋〕苏轼

水光潋滟晴方好，山色空蒙雨亦奇。

欲把西湖比西子，淡妆浓抹总相宜。

师：你看，欣赏着美景，诵读着古诗，多好呀。

（教师一边播放自己准备的PPT，一边讲解）2016年9月4日、5日，二十国集团领导人第十一次峰会就在杭州举行。我们中国人民再一次用自己的文明、友好、真诚与智慧，赢得了世界的掌声。请看，这是晚会《最忆是杭州》的现场，就在西湖。（教师播放视频片段，学生观看，连连赞叹）

师：古人说，读万卷书，行万里路。边旅游，边成长，旅行就有意思了。

生：老师，我的暑假旅行就是为了学习。妈妈和我一起参加了游学夏令营，我们到××大学参观了实验室。我长大了要考上××大学，我要当科学家！

师：暑假的一次经历，让这位同学拥有如此高远的理想，我们为他鼓掌！

生1：我在暑假也到大学参观了。

生2：我也是……（几位同学讲自己的经历）

生3：我没有去大学，我去河南博物院参观了。里面有很多文物，爸爸妈妈给我讲了很多知识，但我还不太明白……

师：河南博物院藏着咱们民族的文化宝藏，老师曾经去过一次，也无法完全了解。（学生笑了）随着我们年龄的慢慢增长，知识的增多，我们可以随时再去参观。一次比一次明白得多，好吗？

生：好。

四、我的暑假安全又文明

师：暑假是快乐的，是充实的。但如果没有安全和文明，快乐生活就没有了保障。请看新闻——（教师播放不文明旅行、交通安全、居家安全等新闻图片）

从这些新闻中，你知道了什么？

生1：我知道了，不能在景区乱写乱画。

生2：也不能爬到树上，爬到景区的乌龟（石刻）上。

生3：我在暑假和妈妈一起坐公交车的时候，看到一位漂亮的阿姨把自己的座位让给了老奶奶。妈妈说，阿姨人美心也美。（学生为她鼓掌）

师：是的，做一个文明的小游客，让文明随着自己的足迹旅行。有关安全的呢？

生1：在暑假，我做到了看红绿灯过马路。

生2：我还监督爸爸开车系安全带呢！

师：你真棒！

生：暑假的一天，妈妈要去买菜，让我一个人在家。这时候有人敲门，我没有给他开门。隔着门问，是谁啊？那位伯伯说，是检查天然气的。我说，我家长不在家，你过一会儿再来吧。不一会儿，妈妈回来了，我把这件事告诉了她，妈妈表扬了我。过了一会儿，那位伯伯又来了。妈妈给他开了门，果然是检查天然气的。

师：虽然这位伯伯不是坏人，而且世界上还是好人多。但对于我们小学生来说，独自一人在家时，还是要像这位同学一样，不要给陌生人开门。一切等家长回来再说。

生：暑假时，爸爸到大街上当"交通志愿者"，我也跟着爸爸去了。这是妈妈给我拍的照片。（该生展示照片）

师：小志愿者，你能给我们讲讲有关安全、文明的知识吗？

生：好。（该生简单讲）

师：看来，我们的暑假不但快乐、充实，还安全、文明呢！

五、暑假，再见

师：难忘的暑假，留给了我们——

生1：快乐！

生2：知识！

生3：让我和家人一起玩。

生4：我能和朋友一起玩！

生5：让我懂得了很多道理。……

师：是的，有人说，人生就是一场旅行。暑假已经是我们路过的上一站了，它让我们明白了"在生活中学习，学习就在生活中"的道理。让我们和暑假挥一挥手，说声"再见"，告诉它：我们正在"学校"这条路上，和好朋友一起旅行呢。我们会认真学习，快乐成长。暑假，明年再见！

（课件出示句子，学生一起读）

六、班会延伸

请每位同学将对暑假最深刻的印象画出来，可以简单地配上文字，不会写的字用拼音代替。

9月：尊师

2．您好，老师！

◎ 江苏省扬州市江都区浦头中心小学　郭蕾

[班会背景]

老师是九月的主题，甚至连空气中都弥漫着感念师恩的情绪。如今又是九月，教师节踏着轻盈的步子缓缓而来，诗人杜甫曾经写过一首诗："好雨知时节，当春乃发生。随风潜入夜，润物细无声。"我们的老师就像春天的雨露一样，默默地滋润着我们成长。对于二年级的学生，这是他们进入小学阶段的第二个教师节，在这个特别的日子里，他们用他们的方式、他们的真心来报答老师的恩情。

[班会目的]

1．通过本次班会让学生掌握有关教师节的知识，了解我们的民族是一个具有尊师重教光荣传统的民族。

2．通过活动，使学生知道老师为了他们今天的成长付出了多少辛劳，从而将对老师的尊敬由意识形态落实到日常学习生活中，进一步树立尊敬老师的观念，以实际行动庆祝教师节。

[班会流程]

甲：九月，金色的季节。

乙：九月，温馨的季节。

甲：九月，鲜花盛开的季节。

乙：九月，天真烂漫的季节。

合：迎着九月的和风，我们迎来了中华人民共和国又一个教师节。

甲：老师，您是一支蜡烛，燃烧自己只为照亮别人。

乙：老师，您是一只春蚕，身死丝尽，只为把温暖留给人间。

甲：亲爱的老师，您辛苦了！

乙：您的付出，您的辛苦，我们看得见。

甲：看！鲜艳的红领巾红得似火，飘扬在祖国的每一个角落。

乙：960万平方公里的土地上，每一条红领巾都是一个跳动的音符。

合：让我们唱吧！让我们跳吧！

甲：听！那是一首多么美妙的歌。

乙：那是一首献给全天下老师的歌。

甲：记住吧！9月10日。

乙：记住吧！九月，那首献给老师的歌。

合：二（4）班庆祝教师节班会现在开始。

甲：首先，让我们为老师唱一支歌，来表达我们对老师的热爱。

（学生齐唱《每当我走过老师的窗前》）

甲：刚才我们已经欣赏了《每当我走过老师的窗前》这首歌，这是一首多么美妙的歌，这是一首献给全天下老师的歌。 那么，有谁知道老师的节日是哪一天？（请学生回答）

乙：对，我国的教师节是每年的9月10日，让我们齐声对老师说：老师，节日快乐！

甲：我国自古以来就有尊师重教的传统美德，所以我们每位同学也要尊敬我们的老师，认真学习，努力成为一名全面发展的好学生。那你们知道教师节的来历吗？

一、介绍教师节

乙：（出示PPT介绍）教师被人们称为"园丁""人类灵魂的工程师"，是受到全社会尊重的一种职业。1985年1月，第六届全国人大常委会决定，每年9月10日为教师节。定教师节为9月10日，是考虑到新学年开始，学校要有新的气象，师生要有新的感觉。新生入学伊始即开展尊师重教活动，可以给教师教好、学生学好创造良好的气氛。

甲：不仅中国有教师节，国外也有教师节。（出示ＰＰＴ介绍国外的教师节）美国的教师节是5月的第一个星期二，韩国的教师节是5月15日，德国把每年的6月12日定为教师节，新加坡的教师节是9月1日。

乙：大家都说，老师是蜡烛，燃烧自己只为照亮别人；老师无私地付出，老师每天辛勤地工作，都是为了我们每一个学生的健康成长。

甲：亲爱的老师，您辛苦了！我们再次向您说声：谢谢！（全体同学起立向坐在前台的老师敬礼）

二、欣赏尊师故事

甲：尊师重教是我们中华民族的优秀品质，历来很多知名人士也都非常尊敬他们的老师，古代没有教师节，但是有很多尊师故事却广为流传，请听以下同学为我们带来的感人故事。

1. 北宋学者杨时尊师好学，一次他和同学去洛阳拜见老师程颐。当时正值三九严寒，天空飘着雪花，他们来到老师门前，只见老师在打瞌睡，不愿打扰，就静静地肃立在门前的雪地里。程颐醒来看到他们，连忙让进厅堂，这时门外的积雪已有一尺多厚，这就是著名的"程门立雪"的故事。

2. 1937年，当徐特立60寿辰之际，毛泽东特意写贺信祝寿。他在信的开头写道："你是我二十年前的先生，你现在仍然是我的先生，你将来必定还是我的先生。"他还号召全党向徐老学习。

三、小品《送礼》

主持：我们都知道，9月10日是教师节，大家一定在想送一件什么礼物给老师，祝贺老师节日快乐。有的想送老师鲜花，有的想送老师贺卡，那什么是老师最称心的礼物呢？请看小品《送礼》。表演者：××等。

故事大概：一个小朋友送老师工艺品，另一个小朋友是后进生，他把作业写得很整齐，把错的地方改正确，并在本上写上自己的小心意和想法。

1. 讨论：什么是老师最称心的礼物？

（小朋友讨论，发表意见）

小朋友说得好，老师最称心的礼物就是能天天看到我们进步，看到我们一天天健康成长，看到我们都取得好成绩，我们能天天送这件老师最称心的礼物吗?

2．行为训练。

（1）上课习惯训练。

预备铃响了，我们该怎么做?

老师：好，老师现在就看看你们是怎样送这件礼物的。（表扬坐姿好的小朋友，并做示范）

（2）学生自己动手做礼物送给老师。

四、诗朗诵

老师，您辛苦了!

是谁——

把无知的我们领进宽敞的教室，

教给我们丰富的知识?

是您，老师!

是谁——

把无知的我们领进宽敞的教室，

教给我们丰富的知识?

是您，老师!

您用辛勤的汗水，

哺育了春日刚破土的嫩苗。

是谁——

把调皮的我们，

教育成能体贴帮助别人的人?

是您，老师!

您的关怀就好似和煦的春风，

温暖了我们的心灵。

是谁——

把幼小的我们，

培育成成熟懂事的少年?

是您,老师!

您的保护让我们健康成长,

在金秋时节结下硕果。

您辛苦了,老师!

在酷暑严寒中辛勤工作的人们。

您辛苦了,老师!

把青春无私奉献的人们。

我们向您致以崇高的敬意!

——您辛苦了,老师!

五、总结

1. 甲：老师是石，敲出星星之火。

   乙：老师是火，点燃生命之灯。

   甲：老师是灯，照亮前进之路。

   乙：老师是路，引你走向辉煌。

   甲：感谢恩师，感谢你们的谆谆教诲。

   乙：赞颂恩师，赞颂你们的美好心灵。

   甲：祝福恩师，祝福你们教师节快乐。

   乙：祝福恩师，祝福高尚的你们永远健康、欢乐!

   合：同学们，让我们记住9月，让我们记住9月10日，让我们记住辛勤的园丁——老师。二(4)班庆祝教师节主题班会到此结束。

2. 选定自己心中的老师，制作一张贺卡，并写上一句祝福的话。

3. 今天我们这节庆祝教师节班会课唱了歌曲、看了小品，还听了故事，更重要的是大家懂得了尊师重教的道理，希望大家今后要努力学习，以优异的成绩来报答老师的辛勤劳动。

10月：岗位

3．我的岗位我做主

◎ 河南省济源市邵原镇李洼小学　杨晓楠

[班会背景]

二年级学生年龄较小，还没有完全明白岗位是什么，更不清楚什么是职责。班级里虽然设置了一些岗位，但成效不明显。每一次进教室，总发现教室的黑板没擦，教室卫生保持不好，学生在教室里面打闹、纪律较差。针对这些问题，让学生明白应该怎么做，谁来监管、谁来负责就显得十分重要。

[班会目的]

1．使学生明白班级岗位的职责。培养学生初步的责任感，争做班级的小主人。

2．让学生懂得班级每一项工作就是一个岗位，岗位是一种荣誉，更是一种责任，是一种为大家服务的使命，产生乐为班级服务的美好情感。

[班会流程]

一、班会导入

做一个小游戏：我说"起立"的时候大家做相反的动作，我说"左手"的时候大家举右手，总之，你做的和老师说的是相反的，看看咱们大家谁的反应最快！反应快的奖励一个小贴画。（做游戏，做完奖励小贴画）

师：得到小贴画的同学是不是很开心呀？

生：嗯，开心。

师：没有得到小贴画的同学也不要着急，在接下来的班会中好好表现，相信你也可以得到小贴画的。

师：下面就进入我们今天的班会主题：我的岗位我做主。

二、什么是班级岗位

师：同学们，什么是班级岗位？

（学生摇头）

师：（出示图片，班级一人一岗）这是咱们班级的一人一岗，岗就是岗位。根据一人一岗的安排，说说你对班级岗位的认识。

生：我觉得我的班级岗位就是擦黑板。

师：你真勇敢！为你点赞！送你一个小贴画。

生1：老师，我的班级岗位是扫地。

生2：我的班级岗位是擦玻璃。

师：你们真聪明，老师一说，你们就知道班级岗位是什么，真了不起！送你一面小红旗！

咱们刚才说的都是班级的卫生岗位，有没有其他岗位？

生：我是语文课代表。

师：嗯嗯，真不错，你说的是班级的学习岗位。送你一个大红花。

生：我是数学课代表。

师：你反应真快，她刚说完语文课代表你就想起了数学课代表。也送你一个爱心贴画。

生1：我是学习委员。

生2：我是纪律委员。

生3：我是卫生委员。

师：真不错，看起来大家已经明白什么是班级岗位了。也送你们一人一个小贴画。其实班里的每一项工作就是一个岗位。

三、给班级岗位起一个好听的名字

（教师出示课件：班级岗位）

师：刚才咱们说了很多班级岗位，如擦黑板、扫地、擦玻璃、语文课代表等，

能不能给他们取一个好听的名字？老师可以给大家举个例子，如擦黑板：黑板清洁大师。（同桌交流）

生1：玻璃管家。

生2：地面清洁大师。

生3：语文老师小助手。

生4：纪律小卫士。

师：这些名字真好听，每人送一张小贴画。

四、班级岗位的职责是什么

（一）说说自己的岗位职责

师：同学们，既然我们已经知道了自己的岗位，并起了个好听的名字，那么我找人说说自己的岗位职责：我的岗位是_____，我的岗位职责是_____。

生：我的岗位是黑板清洁大师，我的岗位职责是在老师上课前把黑板擦得干干净净，方便老师写字。

师：说话有条理，回答得真不错！送你一个顶呱呱贴画！

生：我的岗位是地面保洁员，我的岗位职责是把教室打扫得干干净净，并及时监督，禁止乱扔果皮纸屑，给大家创造一个良好的学习环境。

师：你真棒！不仅想到了自己，还想到了班集体，你真伟大！送你一个小贴画。

生：我的岗位是语文老师小助手，我的岗位职责是帮助语文老师收发作业，督促大家及时完成作业，早读时把早读任务写在黑板上，带领大家读课文。

师：真不错，你一定是语文老师的好帮手，也送你一个贴画。

生：我的岗位是纪律小卫士，我的岗位职责是在上自习时或班级午休时或老师不在教室时管好班级纪律，给大家创造一个安静学习和休息的环境。

师：你真棒！送你一个小贴画。

生：我的岗位是小小路队管理员，我的岗位职责是放学回家组织好路队，让学生靠右走，确保安全。

师：你说得真好！想到了安全。送你一个小贴画。

(二)对照职责,查看他人是否完成

师:(出示图画)同学们,这是老师随手拍到的画面,请你看一看图画,说一说他有哪些职责没有尽到。

生1:图1地面垃圾太多了,没有扫干净,或者是没有检查,没有禁止他人乱扔。

生2:图2早上进教室,学生各玩各的,早读任务没有在黑板上出现,也没有领读。

生3:图3上课前黑板没有擦干净。

生4:图4是一节自习课,自习课上有的学生在交头接耳,纪律较差。

师:是啊,这些都是不负责任的表现。

(三)对照职责,思考自己是否完成

师:刚才我们对照了他们是否完成自己的职责,大家表现不错。下面,我们反思一下自己,看看自己完成了没有。

生1:我没有及时检查卫生,只是早上扫完就完事了。

生2:我只顾着自己读书了,没有把早读任务写在黑板上。

生3:自习课上,有人说话我没有及时制止。

师:能认识到自己的不足,很好,关键是我们要改正。

五、如何履行好自己的职责

师:每人都有自己的班级岗位,都要为班集体服务,岗位不分贵贱,我们该如何履行好自己的岗位职责呢?

生1:要有责任心。

生2:要不求名利,不计得失。

生3:不能只顾自己,不顾班集体。

师:是啊,班级岗位要想发挥作用,我们大家必须有一种责任感、使命感,不分大小、不计得失,全心全意为班级服务!要对得起我们好听的名字,我们心中的责任及头上的光环。

六、我的岗位我做主，争当班级小主人

班长带领学生宣誓：

> 为了我们的使命，我们心中的责任，让我们光荣地宣誓。
> 我宣誓：
> 小小岗位本领大，小小岗位责任重。
> 小小岗位真梦想，我的岗位我做主。
> 自己事情自己做，自己伙伴自己帮。
> 小小年纪志气高，我的岗位我做主！
>
> 宣誓人：

七、班会小结

班级每一项工作就是一个岗位，岗位是一种荣誉，更是一种责任和使命，让我们做班级的主人，为班集体更加美好的明天而努力！希望每一位同学都能够有一颗责任心，履行好自己的岗位职责，为班集体争光。

每一个小组讨论细化岗位职责，订立标准，小组考核，评比岗位小标兵。

10月：岗位

4．我来露一手

◎ 江苏省仪征市实验小学　樊云

[班会背景]

现在的孩子都有自己的爱好和特长，如唱歌、跳舞、画画、书法、武术、弹琴等，真可谓多才多艺，令人赞叹不已。但是，这些才艺的背后往往是靠父母省吃俭用，花大量的钱财上各种兴趣、特长班，耗费了很多时间与精力。不少家长为了能让孩子学会一项特长，将孩子日常作息时间安排得满满的，孩子失去了参与家务劳动的时间，缺少必要的锻炼，小皇帝、小公主的出现并不是孩子的错。

通过此次活动，既希望孩子能把自己的才艺充分展示出来，提高大家的自信心，同时更要通过活动帮助孩子树立"劳动最光荣"的思想意识，努力做到"自己的事情自己做"。

[班会目的]

1．展示才艺，互相欣赏，提高学生的自信心，鼓励他们刻苦练习，积极进取。

2．组织"小能人"竞赛活动，树立"劳动最光荣"的思想意识，从小培养孩子在生活上自制自理的能力。

3．分享他们参加劳动的辛苦与快乐，养成热爱劳动、珍惜劳动成果的习惯。

[班会流程]

一、班会导入

播放音乐视频《我有一双小小手》。（会唱的同学可以跟着音乐唱）

师：听着音乐，看着视频，你有什么感受？

生1：我们的小手很能干。

生2：我们的小手会做很多事儿。

师：你们的小手能做些什么呢？

生1：我会画画。（展示作品）

生2：我会做手工。（展示作品）

生3：我会写毛笔字。（展示作品）

师：是的，你们的小手都非常能干，会做的事情可真多！今天我们就来现场露一手，比一比谁的小手最灵巧！

二、才艺展示——我来露一手

1. 师：哪些同学愿意到台上来表演？请举手！

生1：我想表演拉小提琴。

生2：我想表演溜溜球。

生3：我想表演古筝。

生4：我想教大家折可爱的小鸟。

生5：我想写一幅书法作品。

生6：我想画一幅漂亮的画。

生7：我想弹吉他。

2. 合理安排"露一手"表演：表演乐器的同时，画画的和写书法的同学现场准备作品，完成后展示；再安排手工折纸游戏和溜溜球表演等活动。

3. 活动小结：非常了不起，通过活动，老师发现你们的小手都很灵巧。

三、自我服务——我来露一手

1. 师：可是有这样一位同学，他连自己的事情都不想干，总是找家长帮忙。请看大屏幕。（出示拍摄的一段微视频）

（小刚正躺在床上睡觉，时针指向六点。闹钟响了，小刚揉揉眼睛）

小刚喊：奶奶，我醒了。

奶奶：这孩子，天天让奶奶帮忙穿衣服。

（奶奶帮小刚穿上衣服，小刚自己系扣子）

二年级

奶奶：瞧你，扣子位置都系错了。

（小刚穿完裤子，穿上一只袜子）

小刚：奶奶，我另一只袜子去哪儿了？

（奶奶在床下找到了另一只袜子）

小刚喊：奶奶，我的鞋子在哪儿？

（奶奶又给小刚找鞋子）

奶奶：鞋子和袜子都乱扔到床下，瞧瞧多乱。

小刚：奶奶，我系不上鞋带了。

奶奶：你呀，天天看都看不会。

（奶奶给小刚系好鞋带，又把被子叠上）

（小刚拿起牙缸刷牙，奶奶又把洗脸水打来）

奶奶：小刚啊，快把脸洗干净。

小刚：奶奶，我会洗脸。（洗后自己擦干净）

奶奶：哟，都六点四十了，快吃饭吧。

小刚：奶奶，这鱼刺会扎着我的。你喂我吃。

奶奶：你呀，都上二年级了，连幼儿园的小朋友都不如。

小刚：哎呀，奶奶你又说我。

（奶奶喂小刚吃完饭，小刚去漱口，奶奶收拾桌子并洗碗。小刚背上书包）

小刚：奶奶，再见。

奶奶：哎，快去吧。

（小刚又跑回来）

小刚：奶奶，我的红领巾呢？

（小刚和奶奶一起找，奶奶在床下找到了红领巾，给小刚系好）

小刚：奶奶，再见！

奶奶：真拿你没办法！（短片结束）

2. 师：同学们，短片中的小刚做得对吗？你想对他说什么？

（同学们讨论）

生1：小刚把纽扣系错了。

生2：小刚让奶奶穿衣服、系鞋带不对。

生3：小刚起床不叠被子，把红领巾、袜子、鞋子乱扔不对。

生4：小刚让奶奶喂饭，还不洗碗，不对。

师：那么怎么做才对呢？

同学们齐说：自己的事情自己做！

3. 师：好，咱们今天比一比，看谁做得又快又好！

今天比赛的第一个项目：穿运动服，看谁在最短的时间内完成！请每个小组的代表上场。

（预备，开始！……宣布哪个小组获胜，每个组员得一颗"天天向上"五角星）

第二项比赛内容：戴红领巾。看谁在最短的时间内完成！请每个小组的代表上场。

（预备，开始！……宣布哪个小组获胜，每个组员得一颗"天天向上"五角星）

第三项比赛内容：系鞋带。看谁在最短的时间内完成！请每个小组的代表上场。

（预备，开始！……宣布哪个小组获胜，每个组员得一颗"天天向上"五角星）

四、会做家务——我来露一手

1. 师：好紧张的比赛场面呀！从比赛看出，我们二（1）班的同学真棒！下面听听几位同学的汇报《我们从小爱劳动》。

（2~3分钟的微视频或照片展示，配解说词，以第一人称叙述）

场景1：一位同学汇报早晨起床至上学这段时间。

我在家里，早晨起床自己穿衣服、刷牙、洗脸、叠被子，不用妈妈操心。

场景2：晚上回家，自己看书、整理书包、安静入睡。

吃过晚饭，我自己看书、整理书包，刷牙、洗脸、洗脚，然后睡觉，也不需要妈妈帮我。

场景3：周日在家帮忙择菜、洗菜。

我平时还帮妈妈洗碗呢。

场景4：周日在家打扫、整理自己的房间。

在双休日，我都自己打扫房间。

2．师：同学们，听了几位同学的介绍，你有什么想说的？（学生交流）

生1：我以后也要学会自己动手，少让爸爸妈妈操心。

生2：我在家要多帮大人做家务，减轻他们的负担。

生3：看着被自己打扫干净的房间，心情一定非常愉快。我回家也要动手做一做。

3．师：老师相信你们都是能干的孩子，下面请大家将已经学会做的事情写一写，再填一填自己有什么打算。（发表格填写，可以播放音乐《劳动最光荣》）

五、其他技能——我来露一手

1．师：别看我们年纪小，样样事情都会做。我们的动手能力强了，也变得更聪明了。同学们，让我们把平时学到的其他本领也露一手吧！（主要请前面活动中各小组还没有上台展示的同学展示）

组1：诗歌朗诵。

组2：舞蹈表演。

组3：英文歌曲演唱。

组4：花样跳绳表演。

2．师：你们一定还有各种各样的本领，老师想考考大家，在我们的生活中，我们该怎样安全过马路呢？

生1：过马路，要听从交警的指挥；要遵守交通规则，做到"绿灯行，红灯停"。

生2：过马路，要走人行横道；在有过街天桥和地下通道的路段，应自觉走过街天桥和地下通道。

生3：过马路时，应左右看，在确认没有车通过时才可以穿越马路。

生4：不要翻越道路中央的安全护栏和隔离墩。

生5：不要突然横穿马路，特别是马路对面有熟人、朋友呼唤，或者自己要乘坐的公共汽车已经进站，千万不能贸然行事，以免发生意外。

六、班会总结

师：说得太好了！人有两个宝，双手和大脑。今后，我们要用好这两样宝，勤于思考，勇于实践，有了新的收获，可以在"露一手园地"中展示出来，让我们学到更多的本领，学做更多的事情，使自己越来越能干！

5. 从一本书说起

◎ 江苏省扬州市维扬实验小学　黄宁

[班会背景]

低年级的学生如何进行阅读？这不仅是语文老师的任务，也是班主任责无旁贷的工作。给学生介绍一本书，从内容上吸引学生，激发学生阅读的兴趣。同时引导学生养成爱阅读的好习惯。

[班会流程]

一、课前交流

小朋友们，你们好！我们每个人都有一个温暖的家，家里有爱我们的爸爸和妈妈。为了让一家人生活得更好，爸爸妈妈每天都要在外面辛苦地工作。

今天，我们就一起来读一个故事，故事里也有一个幸福的家庭。

二、人物对对碰

1. 介绍"狐狸先生"。

在山谷上方的小山上有一片树林，树林里有一棵大树，树下面有一个洞，洞里住着狐狸先生、狐狸太太，还有他们的孩子四只小狐狸（出示狐狸全家图）。狐狸先生可能干啦，每天都给狐狸太太和孩子们带回丰盛的晚餐。

2. 介绍"三个饲养场主"。

（1）狐狸一家很开心，可是有三个人却很生气。一个是养鸡场场主，叫博吉斯（出示场主甲图），他养了几千只鸡，所以他总能吃到各种各样的鸡，吃呀吃呀，就吃成了个大胖子。一个叫邦斯（出示场主乙图），是个小矮个儿，他养了几千只鸭子和鹅。他喜欢吃炸面圈和鹅肝，而且喜欢把鹅肝夹在炸面圈里吃，所以身上总有一股鹅肝的味道。还有一个叫比恩（出示场主丙图），他是火鸡饲养场和苹果园的主人，他最喜欢喝自家酿出来的苹果酒，结果越喝越瘦，最后瘦得就像一支铅笔。

（2）想一想，狐狸先生每天带回来的美味是从哪里来的呢？

对了，就是来自这三个人的饲养场。所以，只要一提起狐狸先生，他们就恨得咬牙切齿，恨不得立刻把狐狸先生除掉。

三、故事排排坐

1. 有一天，这三个农场主碰面了，比恩说找到狐狸先生的家了，于是他们带上猎枪在树林里埋伏了起来。这天晚上，狐狸先生又出来找吃的了——大声朗读《射击》第11~13页。

2. 狐狸先生已经受了重伤，三个农场主会不会放过他呢？（学生发表见解）对，这天晚上——大声朗读《可怕的铁锹》第17~21页。

3. 看得出来，我们都为狐狸一家松了一口气，因为他们终于又躲过了一次灾难。可是，三个坏蛋并没有罢休，他们一看铁锹对付不了狐狸先生，就找来了新的秘密武器。猜猜看，会是什么呢？

对，是挖掘机。于是，挖掘机和狐狸之间展开了一场激烈的比赛。起初，狐狸先生住的那座小山是这样的（老师简笔画）；到了中午，小山变成了这样（老师简笔画）；傍晚，小山变成了这个样子（老师简笔画）；到了晚上，小山就成了这样了（老师简笔画）。可三个坏蛋依旧没有离开，他们带领工人把小山团团围住。这下子，狐狸先生怎么挖洞都出不去了。

4. 唉，一连三天，狐狸一家没有喝上一口水，没有吃到一点点东西。看着越来越虚弱的狐狸太太，看着忍饥挨饿的狐狸宝宝，狐狸先生看在眼里，急在心上。他拼命动脑筋，使劲想办法——终于，他又有了一个计划！

5. 狐狸先生的计划就是继续挖洞——大声朗读《博吉斯的1号鸡舍》第41~45页（出示鸡舍图）。

6. 在狐狸一家开心地享用美味的时候，那三个坏蛋在哪里，在干什么呢？你想对他们说些什么?

7. 来到了博吉斯的1号鸡舍,享用了如此的美味,狐狸先生和小狐狸们接下来还会把地道挖到哪里去呢?(学生猜)他们有没有成功呢?(学生猜)想知道的话,就一起来看书吧。这本书叫什么名字呢?猜猜书名。(出示封面图)

四、读写家家乐

1. 小狐狸的爸爸的确很了不起,其实,我们有不少小朋友的爸爸也挺了不起的,谁能夸夸自己的爸爸?

2. 小朋友们说得可真好,那今天咱们回家就写一篇日记,题目就叫"了不起的爸爸",如果配上插图,咱们就可以出一本新书了!各位爸爸妈妈,你们想不想看呀?

6. 童话伴我们成长

◎ 广东省连南县顺德希望小学　沈华英

[班会背景]

二年级是培养学生阅读习惯的重要阶段，根据二年级学生的年龄特征，童话故事深受学生们的喜爱。他们喜爱故事中的人物，感受故事中的美好。因此，开展此次以读童话故事为主题的活动，可以激发学生的阅读兴趣，提高他们的阅读能力。通过阅读，学生受到童话世界里真、善、美的熏陶，并且能够讲童话故事。

[班会目的]

1. 通过交流、分享童话故事，激发学生阅读的乐趣。

2. 通过开展主题活动，在形式多样的活动中提高学生的表达、阅读等各种能力。

3. 引导学生阅读童话，从故事主人公身上获得真、善、美的熏陶，培养学生正确的道德观。

[班会流程]

一、激趣导入

老师：同学们好！今天让我们上一节主题班会课，有请主持人。（两名主持人盛装出场）

主持人（合）：敬爱的老师、亲爱的同学们，大家好！

主持人1：（对主持人2）今天，你真漂亮，就像童话中的小公主。

主持人2：（对主持人1）谢谢，你今天也很帅气，像童话中的小王子。

主持人（合）：哈哈，这就对了，因为今天我们举行的主题班会就叫"童话伴我们成长"。

二、说一说自己喜爱的童话

主持人1：童话是一首首动听的歌儿，总在我们的耳边吟唱出难忘的旋律！

主持人2：童话是一朵朵芬芳的花朵，总在我们的眼前绽放出迷人的风采！

主持人1：同学们，小时候妈妈给你们讲过不少童话故事吧！你最喜欢哪一则童话故事呢？

生1：我最喜欢《白雪公主》。

生2：我喜欢《丑小鸭》。

生3：妈妈喜欢在睡觉前给我讲故事，我最爱听《睡美人》，这样我就会像睡美人那样睡得甜甜的。

主持人2：同学们知道的童话故事可真多呀！把我们也带入了美丽的童话世界中，真想再看看这些陪我成长的童话呀！

三、看一看美丽的童话（电子书籍）

主持人1：那就满足大家的要求吧，请看大屏幕。老师给我们带来了好几则童话故事，你最想看的是哪一个呢？（幻灯片出示《白雪公主》《小红帽》《三只小猪》《妖怪牌棉花糖》《海的女儿》等故事和图片）

（通过选择，大部分学生选择了题目新奇的《妖怪牌棉花糖》，全班一起阅读电子书籍故事）

主持人2：故事读完了，谁能告诉我们"妖怪牌棉花糖"是什么做的？为什么是最特别最好吃的棉花糖呢？

生4：我知道"妖怪牌棉花糖"是云朵做的。

生5：我也知道"妖怪牌棉花糖"里加了水果糖和巧克力，还有很多很多香甜的糖果，所以是最特别最好吃的棉花糖。

生6：妖怪是个好人，他知错就改，还把棉花糖免费分给孩子们，所以妖怪牌棉花糖好吃。

主持人1：对呀，懂得分享、懂得互助才是这个世界上最香甜的礼物，我们记得要把好的东西和大家分享。

主持人2：说起分享，马上就和大家分享几个童话故事的主人公，你能根据文字描述猜出我们分享的是哪个童话故事里的人物吗？

主持人（合）：下面进入"猜猜他（她）是谁"环节。

四、猜一猜童话中的人物

（宣布活动规则：当主持人朗读一段文字时，同学们根据文字描述抢答故事中的主人公，答对奖一颗小星星，答错扣除一颗小星星，取消一次答题的机会）

主持人1：她是一个非常美丽的女孩，皮肤白得像雪一般，双颊红得如苹果，头发乌黑柔顺，她非常善良、有爱心。森林里的动物，像小鹿、小兔子、松鼠、小鸟都喜欢她。可是精通法术又狠毒的后妈却几次想置她于死地，幸好森林里的七个小矮人和一位王子救了她。

生7：白雪公主。

主持人2：她本来是自由自在生活在海里的特殊的鱼，为了能和自己所爱的陆地上的王子在一起，她用自己美妙的嗓音和三百年的生命换来了巫婆的药酒，于是，她有了一双美丽的脚，但每走一步就像走在碎玻璃上一样疼痛。眼看着王子和别人结婚，她宁可牺牲自己的生命，也要为王子祝福。

生3：美人鱼。

主持人1：她是个人见人爱的小姑娘，喜欢戴着外婆送给她的一顶红色天鹅绒的帽子。母亲叫她给住在森林里的外婆送食物。狼知道后诱骗她去采野花，自己跑到林中小屋把她的外婆吃了，并装成外婆的样子，等她来找外婆时，狼一口把她吃掉了。后来一个猎人把她和外婆从狼肚子里救了出来。

生8：小红帽。

主持人2：它长得很丑，面对嘲笑和排挤，它努力地坚持着，没被困难吓倒。后来为了心中的梦想，它历经千辛万苦、重重磨难，终于变成了白天鹅。

生2：丑小鸭。

主持人1：从前，有个勤劳善良的小女孩被后妈和她的两个姐姐当仆人使唤，后来在仙女的帮助下参加了皇宫的舞会，被王子看中，最后王子凭着她落下的一只水晶鞋找到了她。

生5：灰姑娘。

主持人2：抢答进行得非常激烈，看来大家都很用心地把故事记在了心里，希望下次能再带多几个性格鲜明、特征明显的故事人物和大家一起分享。

五、演一演我们自己的童话

主持人1：看了那么多别人的童话，我们能不能演一演自己的童话呢？

（选几个同学上台扮演小公主、小王子和一些破坏他们幸福的巫婆和坏人）

小公主扮演者：我是勤劳善良的小公主，长着一头漂亮的头发。

小公主快乐地梳理着长发，旁边的巫婆妒忌不已，便施魔法把小公主变成了一棵树。

巫婆扮演者：我是丑陋邪恶的巫婆，法力无边，不喜欢这个世界上美好的东西。

小王子扮演者：我是勇敢坚强的小王子，遇到任何困难我都要战胜它。

（小王子去找小公主玩，却被告知要完成三项艰巨的任务才能让小公主恢复原样。小王子决定去完成任务）

若干恶魔扮演者：我们是巫婆的帮凶，听从巫婆的指挥，专门干阻拦小王子完成任务的坏事。

（小王子不畏艰险，跨过高山，越过大海，途中还不断和巫婆派来的恶魔作斗争，终于把三项任务完成了。成功解救出了小公主，从此他们又快快乐乐地生活在一起了）

主持人2：同学们，他们演得好不好？

生（齐）：好。

主持人1：童话是一潭清澈的湖水，总能让我们欣喜地看见真、善、美。

主持人2：童话是一把锋利的宝剑，总能让我们坚强地对抗假、恶、丑。

主持人（合）：下面请老师为我们的主题活动作一句话小结。

六、小结

师：童话是美丽的，我们的生活也是幸福的，只要我们永远保持一颗善良可爱的心，我们就是最美丽、最帅气的小公主和小王子。

七、唱《永远住在童话里》，在歌声中主题班会结束

我常常走进你，和白雪公主、小矮人在一起。

我常常走进你，和海的女儿游戏在海底。

我常常走进你，会见桃太郎和稻草人。

我常常走进你，和小木偶爱丽丝经历奇遇。

啊，如果这人间像童话一样美丽。

啊，如果这世界像童话一样有趣。

我宁愿不要，不要，不要，不要长大。

我永远永远永远永远住在童话里。

11月：阅读

7. 我读书，我快乐

◎ 广东省连南县顺德希望小学　邓秀娟

[班会背景]

书籍是历史的浓缩，是人类文明的精华。读书，是人们重要的学习方式，是人生奋斗的航灯，是人类文化传承的通道，是人类进步的阶梯。学生在大量阅读实践中丰富知识，开阔视野，在感悟祖国语言文字博大精深的同时悟出人生真谛，弘扬人类优秀文化，汲取向善向上的精神力量。让我们以大阅读工程为主要推手，努力营造"书香班级"。

[班会目的]

1. 通过活动，让学生明白书籍是知识的源泉，书籍也会给他们带来无穷的乐趣，从而使更多的学生爱看书，爱上阅读。

2. 读书要有选择地读，读有价值、有意义的书。

3. 掌握一些读书方法。

[班会流程]

一、班会导入

合：敬爱的老师，亲爱的同学们，大家好！今天由我俩来主持"我读书，我快乐"主题班会活动。

甲：我是主持人小甘。

乙：我是主持人小唐。

甲：从我们懂事那天起，爸爸妈妈就对我们说："长大后，你要好好读书。"

乙：进入小学后，在老师的教导下，我们认识了a，o，e，学会了读书写字。

甲：从此，一位良师益友走入了我们的生活，那就是——书。

乙：从书中我们认识了"白雪公主"，知道了"十万个为什么"。

甲：从书中我们见证了"鸭子骑车记"，看到了"苹果树上的外婆"。

合：书是人类进步的阶梯，书是我们的精神粮食。二（2）班"我读书，我快乐"主题班会现在开始。

二、我爱读书

（一）采访

甲：你们都读过哪些书？我们采访一下。

乙：那读书又有什么好处呢？请说说。

（二）读名人名言

甲：请看大屏幕，这些名人名言是大家收集的，一起读读好吗？

1. 书读百遍，其义自见。

2. 光阴给我们经验，读书给我们知识。

3. 读书给人以乐趣，给人以光彩，给人以才干。

4. 理想的书籍是智慧的钥匙。

5. 书籍是人类进步的阶梯。

6. 读书破万卷，下笔如有神。

7. 书山有路勤为径，学海无涯苦作舟。

乙：读书是一种享受——享受明媚的阳光，享受清新的空气。

甲：读书是一种享受——享受学习的乐趣，享受多彩的人生。

乙：如果问起这些名人成功的秘诀，他们都会概括出一句话，这些话流传至今，便成了名人名言。

（三）读书的好处

甲：你们都读过哪些书呢？我们采访一下。

乙：读书又有什么好处呢？请同学们说说。

甲：同学们，什么样的书才适合我们小学生读呢？为什么？

乙：

1．我觉得我们应该多读作文书，可以提高我们的写作水平。

2．童话很适合我们阅读，可以陶冶我们的情操；多读些名著可以拓宽我们的知识面。

3．一些脑筋急转弯的书可以开发我们的智力。

4．科幻的书也很适合我们阅读，它可以让我们学到更多的科学知识。

(四) 推荐好书

甲：看来读书也有选择呀，下面请我们班的小书迷浩浩来推荐几本适合我们看的书。

《兔子坡》《三国演义》《西游记》《没头脑和不高兴》《苹果树上的外婆》《笨狼的故事——半朵大红花》《装在口袋里的爸爸》《白雪公主》……

乙：小书迷给我们推荐了这么多好书，我们一定要读一读这些书。选择了好书，还要有好的读书方法。

(五) 读书的好方法

甲：读书的好方法有哪些？同桌交流。

乙：读书的好方法有：

1．读书时要带着字典，以便我们查找不认识的字。

2．读书时还要带着笔注意积累好词佳句。

3．读书时还要注意力集中，边读边想。

(六) 竞赛

甲：我们如一条条快活的小鱼遨游在书的海洋里。

乙：我们如一只只勤劳的蜜蜂吮吸着书的芳香。

甲：下面我们来一场小竞赛！比比哪个小组同学看的书最多。

乙：下面请邓老师宣布比赛规则。

老师宣布比赛规则：

(比赛为抢答题，每个组选号抢答，答错了扣1分，答对了按答题速度加分)请看大屏幕！小组轮流答题，答对加10分，答错扣10分，第一名的小组将获得奖励。看看哪个组的同学看的书多。(看文段内容，猜人物)

甲：

1. 他是《西游记》里的人物，好吃懒做，爱占小便宜，贪图女色，经常为妖怪的美色所迷，难分敌我。他能腾云驾雾，使用的兵器是九齿钉耙，是唐僧的二徒弟。（猪八戒）

2. 他是《水浒传》108条梁山好汉中的一个，身长八尺，仪表堂堂，浑身上下有千百斤力气。他自小习武，武艺高强，性格急公好义。一次醉酒后，他在阳谷县景阳冈打死一只猛虎。（武松）

3. 它长得很丑，面对嘲笑和排挤，它努力地坚持着，没被困难吓倒。后来为了心中的梦想，历经千辛万险、重重磨难，它终于变成了白天鹅。（丑小鸭）

4. 他是《三国演义》里的人物，学识广博，足智多谋，喜欢拿一把白羽扇，刘备三次到隆中草庐拜访才请到他出山。他曾使出"空城计"吓退司马懿十五万精兵，曾用"草船借箭"十万多支。（诸葛亮）

乙：书籍是人类进步的阶梯，是我们少年儿童奋力远航的船帆，是我们理想奋飞的翅膀。

甲：是啊。书，能给人知识，能净化人的心灵；书，培育了一代又一代人，然而只有爱读书的人，才能在书中找到智慧的金钥匙。

乙：

1. 书是我们永远的朋友，它陪伴我们走过人生的春夏秋冬。

2. 书是知识和智慧的海洋，我们在书海的遨游中慢慢长大。

合：书是你的，我的，我们大家的。让我们将读书进行到底，做一个爱读书的孩子吧！让我们一起喊：我读书，我快乐！

三、老师寄语

1. 欣赏音乐《宝贝爱读书》。

2. 老师小结。

通过这次班会，老师发现同学们读了不少课外书，学到了许多课本以外的知识，老师真替你们高兴。书给我们知识，书给我们力量。让我们带着一份热情，带着一个梦想，带着一份执着，尽情地去畅游书海，享受读书带给我们的快乐吧！大家一起喊：我读书，我快乐。

12月：自护

8. 陌生人来了

◎ 广东省连南县顺德希望小学　陈伟花

[班会背景]

二年级的学生年龄较小，明辨是非的能力比较差，在社会生活中一些拐卖儿童的犯罪分子，为了钱财，对小孩子不择手段，他们都是一个个披着羊皮的狼。在寒暑假期间，由于爸爸妈妈上班、外出，许多小朋友大部分时间都是一个人待在家里，有的犯罪分子便乘虚而入，利用各种欺骗手段实施犯罪。有的小朋友独自一人在家，有陌生人来敲门时会去开门，接到陌生人的来电也会相信陌生人的话，还有陌生人来接自己也会跟着走，结果酿成悲剧。识破一些惯用伎俩，教给孩子一些自护的基本技能，用知识守护生命显得尤为重要。

[班会目的]

1. 根据现实案例、故事短片，使学生增强自我保护意识。
2. 通过讨论，使学生增强自我保护意识。
3. 引导学生珍爱生命，实现"安全第一"。

[班会流程]

一、班会导入

1. 谈话导入，了解本节班会的主题。

师：想必美国的《小鬼当家》是很多小朋友都喜欢看的影片，还记得那个独自在家，以过人的智慧和勇敢一次次保护了家庭安全的小鬼吗？下面我们一起来看看这段短片。

2．播放故事短片《陌生人来了》。

师：看了这段短片，你想说什么？假如灰太狼对你说这样的话，你会怎么做呢？

生1：我想说，小兔、小象、小猪们都太傻了。

生2：只有大宝最聪明了。

生3：如果是我的话就不会跟灰太狼走。

生4：陌生人对我们好，是不安好心的。

生5：我们不要相信陌生人的话，也不要和陌生人说话。

3．通过故事短片，让学生感受到不能随便相信陌生人。

二、展示真实故事

引导学生判断所谓的"陌生人"是如何通过欺骗的手段来侵害我们的人身财产安全的。

师：下面老师给大家讲两个真实的故事。请大家认真听，边听边想，如果是你的话，你会怎么做？

故事1

小青正在家中看电视，忽然听到有人敲门。小青小心翼翼地开了一条缝，透过外面的防盗门，只见一位看起来平易近人的花甲老人站在门口。那位老人说，自己是邻居的爸爸，刚从乡下来，可是儿子家里没人，自己口渴了，只想喝点水。小青听了，毫无顾虑地就开了门。没想到，防盗门刚一打开，那人便顺势挤进屋里，并"嘭"的一声把门反锁上。小青还没反应过来，老头一只手已紧紧地捂住了她的嘴，并狠狠地把她按在沙发上，用绳子反绑住她的双手，拿走了家中的钱和贵重物品。

故事2

小杰一个人在家写作业，突然听见有人敲门。小杰非常警觉地问："谁呀？"因为妈妈说要小心坏人，不能让任何陌生人进家，小杰时刻牢记。"修煤气的。"敲门人接着说，"闻到煤气味了吗？楼下的煤气管爆了，管道一直裂到你们家，必须赶快抢修，不然要发生爆炸。"来人说得十分紧急。小杰想起妈妈和老师的话，煤气泄漏容易引起爆炸。小杰透过防盗门往外一看，只见两个年轻人身着蓝色工作服，穿着和过去来检修煤气的工人师傅一模一样。小杰想，真是来修煤气管的，不会有假，于是就打开了防盗门。两个陌生人刚一进家，意想不到的情况就发生了。他们一个反锁防盗门，另一个迅速捂住小杰的嘴，往他嘴里塞上毛巾，两个人将小杰捆绑得结结实实的，扔在沙发上，然后将小杰家洗劫一空。

像这样的悲剧还有很多，歹徒都是以求助方式诱骗、用正当借口诱骗、用"亲近法"诱骗、用"意外"事件诱骗等方式来引诱单纯的小朋友。如果你的爸爸妈妈有事，只留你一个人在家，这个时候，你该怎么办呢？

三、小组讨论，全班交流

教师提问：

1. 当自己独自在家时，有陌生人敲门怎么办？

生1：坚决不开门。

生2：先要了解情况，再决定开不开。

2. 如果坏人强行撬门如何处理？

生1：拨打110报警。

生2：躲藏起来。有机会再逃出去。

3. 接到陌生人的电话怎么办？

生：听到不熟悉的声音就挂掉，不用理他。

4. 陌生人来学校接你回家，你该怎么办？

生：不跟陌生人走。

5. 陌生人向你问路并叫你带路怎么办？

生：就说"对不起，我不知道"，然后就不用理他了。

四、自我防护

1. 在通常情况下，如果爸爸妈妈都不在家，首先要把防盗门锁好，同时，你也可以把电视机或音响等设备打开，可以使坏人误认为你家里有人，从而不敢做坏事。

2. 一旦门铃响起来，千万不要随便给陌生人开门，同时要装作爸爸妈妈在家一样，喊爸爸妈妈，说有不认识的人敲门，这样可以把坏人吓跑。

3. 如果来人自称是你爸爸妈妈的同事或朋友，就算他能叫出你的名字，你也要提高警惕，不能把门打开。但可以隔着门与他对话，问他有什么事，然后记下来告诉爸爸妈妈，或者直接打电话告诉你的爸爸妈妈。

4. 如果陌生人说自己是煤气、水、电等修理工，或来收各种费用时，也不要给他开门，同时千万不要告诉对方家中只有你一个人。

5. 晚上开灯后，必须拉上窗帘，千万不要让人从窗外看到只有你一个人在家的情景。

6. 一旦发现有人隔窗户偷看，就赶紧打电话给亲朋好友，或拨打"110"。

7. 如果歹徒已经撬门入室，但他没有发现你，你必须快速地藏起来，一旦有机会就立即逃走、求救。

五、爱心提示

当你一个人在家的时候，一定要把防盗门锁好，陌生人敲门绝对不要轻易开门。

六、班会总结

孩子们，你们是祖国的希望，是民族的未来。今天我们上这节课就是希望你们用自己的眼睛去观察，发现身边的安全隐患，思考、分析原因，寻找自救自护办法，进行自我安全保护，在活动过程中懂得如何认识生命、珍惜生命，懂得安全重于泰山。希望同学们能引以为戒，希望增强自我保护意识，增强防范意识，保护自己的人身安全。希望同学们面对危险的时候，能够冷静思考，巧妙地保护自己。

1月：成长

9. 我相信，我能行

◎ 广东省连南县顺德希望小学　唐秀春

[班会背景]

小学生曾经是自信满满地跨入校园，但是随着学习任务的增多，各种挫折开始出现在学生的生活之中，于是一部分学生开始显得不自信，此时的不自信，将会给接下来的学习与生活带来不小的阻力与困难。只有一个充满自信的人，才能积极思考、积极行动并能承受住挫折与失败的打击，争取成功。因此，针对小学生的心理发展特点，开展自信训练是十分必要的。

[班会目的]

1. 克服害羞、胆怯的心理，让学生相信自己的能力，找到自信的感觉。

2. 能够在团体体验中充分感受到自信的价值。

[班会流程]

一、主持人宣布主题班会开始

甲：敬爱的老师们。

乙：亲爱的同学们。

甲：欢迎你们来参加我们的主题班会。

乙：我宣布二（2）班主题班会现在开始。

二、听故事，揭课题

甲：同学们，今天我给你们带来了一个故事，请认真听，想一想故事讲的是什

么事。（点击课件，听故事）

爱因斯坦的成长故事

  1879年3月14日，一个小生命降生在德国的一个叫乌尔姆的小城。父母为他起了一个很有希望的名字：阿尔伯特·爱因斯坦。看着他那可爱的模样，父母对他寄托了全部的期冀。然而，没过多久，父母就开始失望了：人家的孩子都开始学说话了，已经三岁的爱因斯坦才"咿呀"学语。因此，一直到10岁时，父母才把他送去上学。可是，在学校里，爱因斯坦受到了老师和同学的嘲笑，大家都称他为"笨家伙"。学校要求学生上下课都按军事口令进行，由于爱因斯坦反应迟钝，经常被老师呵斥、罚站。一次工艺课上，老师从学生的作品中挑出一张做得很不像样的木凳对大家说："我想，世界上也许不会有比这更糟糕的凳子了！"在哄堂大笑中，爱因斯坦红着脸站起来，他从课桌里拿出两个更不像样的凳子，说："这是我前两次做的，交给您的是第三次做的，虽然还不行，却比这两个强得多！"一口气讲了这么多话，爱因斯坦自己也感到吃惊，老师更是目瞪口呆，坐在那里不知说什么好。

  爱因斯坦大学毕业时，正赶上经济危机爆发，由于他是犹太人血统，又没有关系，没有钱，所以只好失业在家。为了生活，他只好到处张贴广告，靠讲授物理获得每小时3法郎的生活费。这段失业的时间，给了爱因斯坦很大的帮助。在授课过程中，他对传统物理学进行了反思，促成了他对传统学术观点的猛烈冲击。经过高度紧张兴奋的五个星期的奋斗，爱因斯坦写出了9000字的论文《论动体的电动力学》，狭义相对论由此产生。可以说，这是物理学史上的一次决定性的、伟大的宣言，是物理学向前迈进的又一里程碑。

  尽管还有许多人对此表示反对，甚至还有人在报上发表批评文章，但是，爱因斯坦毕竟还是得到了社会和学术界的重视。在短短的时间里，竟然有15所大学给他授予了博士学位，法国、德国、美国、波兰等许多国家的著名大学也想聘请他做教授。当年被人们称为"笨家伙"，认为无法成才的爱因斯坦，终于成了全世界公认的、当代最杰出的聪明人物。由"丑小鸭"变为"白天鹅"！

乙：故事讲了谁的什么事？

生1：爱因斯坦和小板凳的事。

生2：爱因斯坦写出论文《论动体的电动力学》。

生3：爱因斯坦由"丑小鸭"变为"白天鹅"的成长故事。

甲：同学们听得真认真！事实的确如此，在这个世界上，我们可能有先天的缺陷，也可能有后天的不足，如牙齿、眼睛不漂亮，个子不够高，太胖了或太瘦了……其实这些都无关紧要。重要的是不欺骗，不隐瞒，不掩饰，不作伪，自信地展现一个真实的自我。（点击课件出示：自信——板书：学会自信）

乙：自信的人一定能行，但说起来容易，做起来难，咱们身边就有很多的同学在困难面前打退堂鼓。

三、请你帮帮他

甲：请看情景剧。

1. 同学小力看了一会儿作业题目就说："我头脑不聪明，这些题我不会做。"于是，他等着抄别人的作业。

2. 上课时，老师向学生小胖提问，小胖认为自己不行，于是就低下头，搓着双手，没有认真考虑老师提出的问题就说"不知道"。

3. 小丽这次数学考试只得了20分，她不敢告诉妈妈，她觉得自己太笨啦，学什么都学不好，对自己一点信心都没有。

乙：看完了情景剧后，请同学们当一回小心理医生，分别找出情景剧中同学存在的心理问题，思考应该怎么样去帮助他们。

生1：小力同学，遇到问题要多动脑筋想一想，也可以向老师和同学请教。

生2：小力同学，上课应该认真听讲。

生3：小胖同学，你对自己要有信心，不要害羞，要锻炼自己的胆量。

生4：小力、小胖、小丽三位同学都是没有自信的同学，你们应该相信自己。

生5：要讲究学习方法。

甲：看来同学们个个都是优秀的小心理医生。

四、你是自信的人吗

乙：你是自信的人吗？我们来做个小测试！（课件出示测试题）

请根据自己的实际情况选用不同的符号,是用"★",否用"☆",拿不准用"?"。

(1) 我觉得我很讨人喜欢。（   ）

(2) 尽管我也有一些缺点,可我肯定能改掉。（   ）

(3) 考试时,我一般信心十足。（   ）

(4) 我和同学、亲人相处得很好。（   ）

(5) 我觉得自己的优点很多。（   ）

(6) 很多时候,我对自己的表现非常满意。（   ）

(7) 虽然有些人不喜欢我,但我并不为此而烦恼。（   ）

(8) 我觉得自己很棒,将来一定会实现自己的理想。（   ）

生1：我只得了3颗星。

生2：我得了8颗星。

生3：我得了4颗星。

甲：如果你得了6~8颗"★",恭喜你,你的信心会使你不断走向成功。

乙：如果你得了3~5颗"★",再多点自信,一定会有更多的自信。

甲：如果你得了0~2颗"★",说明你曾经遭到较多的挫折,要找回自信。

乙：自信首先要有自己对自己的肯定与欣赏,也就是自我肯定。

甲：其实,我们每个人身上都有很多优点,只不过我们没发现而已。

五、发现我的优点

乙：让我们一起来认识自己,寻找自己的优点吧！（幻灯片出示："我的优点"表格）

常常关心别人	
学习成绩优秀	
会很多种乐器	
体育成绩优秀	
会做很多家务	
常常帮助同学	

甲：请同学们把老师发给大家的表格拿出来，找出自己的优点，在相应的空格里打钩。

还有其他优点的在下方的空格中补上。

乙：找到自己的优点后，请用"我很不错，因为我……"的句型在小组内说说自己的优点。

甲：谁最自信？请自信地举起你的手，高高地举起好吗？

乙：请文浩同学上讲台来说说自己的优点。

生1：我很不错，因为我会弹钢琴。

甲：文浩同学真棒！谁愿意再来分享自己的优点？

生2：我很不错，因为我会做家务。

生3：我很不错，因为我绘画比赛获得省里二等奖。

生4：我很不错，因为我和丹丹同学在元旦文艺会演中获得年级第一的好成绩。

乙：你们都是充满自信的好同学，看来，我得向你们学习了。我很好奇，你们怎么那么自信呢？有什么法宝吗？请说说。

六、怎样树立自信心

甲：请思雨同学来说说。

生1：每天早晨对着镜子说："我是最棒的。"

乙：有哪位同学再说一说。

生2：每天穿得漂漂亮亮的。

生3：学会微笑。

甲：根据你们的回答，我综合起来，培养自信的方法有八点，请看大屏幕，我们一起读一读吧！（出示课件）

1. 当别人说你的缺点时，你可以在心里对自己说：我反对！理由是……

2. 如果有可能的话，上课时坐在教室的前排位子。

3. 练习正视别人。

4. 走路的时候抬头挺胸，加快走路的速度。

5. 练习当众发言。

6. 每天找到自己的三个优点。

7. 学会赞美自己。

8. 体验成功的快乐。

七、夸夸自己和小伙伴

乙：同学们，你们自信吗？

甲：那我们就夸夸自己吧。

乙：请同学们跟我做。

甲：自信来源于自我肯定，还来源于周围人对你的肯定和欣赏。（板书：他人肯定）

乙：请同学们在小组内找出组内同学的优点，并以"我喜欢××，因为他（她）……"的句型说一说。

甲：哪位同学愿意上来夸夸你喜欢的同学？

生1：我喜欢丹丹同学，因为她很会唱歌。

生2：我喜欢诗怡同学，因为她作文很好。

生3：我喜欢威乐同学，因为他经常做好事，还会做家务。

生4：我喜欢彩婷同学，因为她跑步超快。

生5：我喜欢紫娴同学，因为她画的画很漂亮。

乙：我也喜欢你，思雨同学，因为你拥有一双善于发现的眼睛，我相信你也是一个自信的人。

甲：彩婷同学，你喜欢玩游戏吗？请看游戏规则。（播放示范录像）

乙：同学们，在刚才的游戏中，我们既真诚地赞美了别人，也得到了别人的赞美，谁能和大家分享一下感受？

生1：得到同学的赞美，我很快乐！

生2：得到同学的赞美，我很开心，对自己更有信心了！

生3：谢谢你对我的赞美，我开心极了！

八、读名言，树信心

甲：你们都说得很好！请同学们来读读这些有关自信的名言吧！（课件出示有关自信的名言）

1. 自信是成功的第一秘诀。——爱默生

2. 任何人都应该有自尊心、自信心、独立性，不然就是奴才。——徐特立

3. 我们对自己抱有信心，将使别人对我们萌生信心的绿芽。——拉劳士福古

4. 除了人格，人生最大的损失，莫过于失掉自信心了。——培尔辛

5. 有信心的人，可以化渺小为伟大，化平庸为神奇。——萧伯纳

6. 坚决的信心，能使平凡的人们，做出惊人的事业。——马尔顿

7. 天生我材必有用。——李白

乙：从这些名言中你知道了什么？

生1：自信很重要。

生2：自信可以使人走向成功。

甲：是啊，自信是多么重要！所以我们要对自己有信心。（指板书"学会自信"）

九、读诗歌，谈感悟

乙：（出示《我能行》）请同学们齐读《我能行》这首诗歌。

我能行

相信自己行，才会我能行；
别人说我行，努力才会行；
你在这点行，我在那点行；
今天若不行，明天争取行；
能正视不行，也是我能行；
不但自己行，帮助别人行；
互相支持行，大家合作行；
争取全面行，创造才能行。

甲：谁来谈谈你对这首诗的理解？

生1：每个人都有自己的优点。

生2：自信来自努力！

生3：大家要互相帮助，共同进步！

乙：在人生的旅途中，我衷心希望同学们能够充满自信地做人，扬起自信的风帆，满怀信心地做好每一件事！请欣赏歌曲《我相信》。

甲：听完这首歌，请辅导员唐老师给我们做个总结。

十、班会总结

师：同学们，我们每个人身上都有优点，都有某些过人之处，如果你懂得保持自信，订立目标，付出真正的努力，满怀信心地向自己的目标一步一步前行，成功的机会将属于你。看到同学们一张张自信的笑脸，老师为你们喝彩，现在让我们自信地告诉自己："我相信，我能行！"

1月：成长

10. 我学会了洗手

◎ 江苏省扬州市邗江区实验小学　卜恩年

[班会背景]

到一所学校，我们就会发现很多学生虽然知道洗手，但是对为什么要洗手，以及如何洗手一无所知，这些看似人人都懂的常识，其实更需要普及。知道要洗手，更要会洗手，还要养成水池四周无水渍的好习惯，对于二年级的学生来说，这又是一个不简单的尝试。一节课，学生真的会有收获吗？

[班会目的]

1. 从听一听中让学生了解洗手的好处，并知道每年的10月15日是"全球洗手日"。

2. 通过学生的说一说，知道什么时候应及时洗手。

3. 学生看一看、做一做，掌握科学的洗手方法，并逐步养成勤洗手、讲卫生的好习惯，拥享好人生。

[班会流程]

一、看图导入

师：现在风停了，雨住了，我们开始上课！

1. 微观图片识细菌。

师：看，我带来了什么？（学生猜测）

师：嗯，其实我想的和你们说的差不多，但真的是这样吗？（课件逐次出示放

大图)

生：哇，是细菌。

2．饭前便后要洗手。

师：烦人的细菌真是无处不在，我们身体最容易接触到细菌的地方是哪儿?

生：手。

师：俗话说"病从口入、病从手入"，手那么脏，怎么办?

生：要洗。

师：什么时候洗?

生：饭前便后。

生读：饭前便后要洗手。（师板书：饭前便后要洗手）

3．显微镜下认识洗手的重要性。

师：这节课咱们就好好聊聊洗手的事儿。（板书：我学会了洗手）
那你们的手洗干净了吗？真的洗干净了吗？你敢于接受检验吗?

（选择一名学生接受显微镜扫描考验）

让我们倒数五个数，5、4、3、2、1——出结果。

（课件出示带细菌的小手图）

生：好多细菌啊!

师：你们吓了一跳，老师也被吓一跳。

我们可别忘了，肉眼根本看不到细菌，而且一双不干净的手可能藏着40万个左右的细菌，一间空空的教室，让你们一个挨一个紧紧地站着，大概能站400个人，一层十间教室就能站4000人，40万个得有100层楼那么多啊。如果用不干净的手揉眼睛或吃饭，细菌还会损害我们的眼睛黏膜和呼吸道系统。

4．现场洗手，唤醒已有经验。

师：看到显微镜下的手，你想不想立马去洗洗自己的手呢?

生：想。（现场洗手，学生当评委并评价）

5．趣味儿歌学洗手方法。

师：我们每天都在洗手，可为什么还洗不干净呢？就因为不会科学的洗手方法。老师带来了一首小儿歌，里面就藏着专家的建议。（板书：洗手七步曲）

洗手小儿歌

自来水，清又清，洗洗小手讲卫生。

饭前便后要洗手，细菌不会跟着走。

手心手心搓一搓，手背手背也搓搓，

交叉手指再搓搓，十个兄弟抱成团，

两个老大转一转，五个姐妹来跳舞，

手腕手腕再搓搓，做个整洁好宝宝!

学生拍手跟读儿歌。

二、听听悟悟，看看评评

1. 学学洗手七步曲。

师：读完儿歌，你找到洗手七步曲了吗?

步骤分解，

第一步：掌心相对，手指并拢揉搓。

第二步：手心对手背，指缝搓一搓。

第三步：手掌相对，指缝搓一搓。

第四步：弯曲关节，半握拳在另一掌心旋转揉搓。

第五步：一手握另一手大拇指，旋转揉搓。

第六步：弯曲关节，合拢指尖搓搓掌心。

第七步：掌心搓揉手腕。

师：每个步骤至少坚持五秒，双手交换动作，用流动的温水洗更干净哦!

2. 洗手步骤排排序。

师：上面的步骤你记住了吗? 老师带来了电影胶片的材料，让我们一起来制作洗手胶片!

请8个孩子上来，7个孩子各抽一张洗手步骤图，另外1个孩子排序。

3. 练练洗手全过程。

(1) 选择一名手比较脏的孩子在教室内巡走一圈。

(2) 下面的学生做小老师说一说并做动作，教这个孩子怎样洗手。

(3) 这个孩子张开洗后干净的手在教室内再次巡走一圈。

4．展示洗手全过程。

选一个学生展示洗手全过程，其他学生做评委。

5．认识"全球洗手日"。

三、总结谈话

1．走进好习惯。

师：勤洗手是一种好习惯！

生跟读：好习惯，好人生。（师板书：好习惯，好人生）

师：这节课，咱们不仅知道了饭前便后要洗手，还学会了洗手七步曲，并且了解到好习惯，好人生！

2．养成好习惯。

师：好习惯的养成是很难的，需要21天持之以恒的坚持。你能做到吗？

生齐读：好习惯，伴我行！

四、课后延伸

师：老师给你们带来了几个光荣小任务。

（学生读"光荣小任务"）

1．坚持用科学的方法洗手，养成好习惯，享受好人生。

2．教会你身边的朋友或家人洗手七步曲。

师：你们能做到吗？

生：能！

师：期待大家的进步，与好习惯相约而行！

3月：文明

11．校园礼仪对对碰

◎ 广东省连南县香坪中心学校　潘敏

[班会背景]

讲文明、有礼貌、重礼仪是孩子们健康成长的需要，是他们个人内在修养的表现，也是他们将来走向社会人际交往的必备素质。校园是培养孩子文明礼仪、道德行为规范的主要阵地。如果从一点一滴抓起，让孩子从小养成良好的行为习惯，将来在社会生活和工作中，就能受到别人的尊重，就能建立一种良好的人际关系，就能成就一番大事业。抓好孩子的文明礼仪教育，不仅关系着一个少年儿童的健康成长，更关系着我们中华民族的文明程度。

[班会目的]

学生通过本次主题班会，应了解包括珍爱校园公共财产、保持校园清洁卫生、升旗仪式、和同学相处、上课应答及对待老师等方面的一些基本的文明礼仪，培养学生从现在做起，从自我做起，从一点一滴做起，努力提高自己的文明修养，做一个"讲文明、懂礼貌"的好孩子。

[班会流程]

一、小故事大智慧

（班会导入）

师：同学们好！

生：老师好！

师：同学们真棒！老师今天带来了一个小故事，大家想听吗？

生：想！

师：好，老师给大家带来的故事叫《小花猫照镜子》。

（幻灯片呈现配图小故事并讲述）

  一只小花猫无意中走到了一面镜子前，看见里面有一只小花猫，正瞪着大眼睛看着它，小花猫有点不高兴了。"你是谁？为什么老瞪着我？"小花猫怒气冲冲地问。谁知镜子里的那只小花猫也张大嘴巴，怒气冲冲地说："你是谁？为什么老瞪着我？"这一下，小花猫气坏了。它弓起背，瞪圆了眼，"喵——喵"大叫两声，扑了过去。谁知那只小猫也十分生气地向它扑过来。只听"砰"的一声，镜子前后晃动起来，小花猫吓坏了，赶快跑去找妈妈。妈妈听小花猫说完，笑了，对它说："你去和镜子里的小伙伴和和气气地谈谈，看它会怎样。"小花猫回到镜子前。这一回它没有瞪眼，而是笑眯眯地说："喵——喵——你好！"咦？镜子里的小花猫不生气了，也笑眯眯地说："喵——喵——你好！"小花猫高兴极了，又去告诉妈妈。妈妈认真地对它说："孩子，记住，要想别人尊重自己，首先要学会尊重别人。"

师：老师的故事讲完了，请你们思考下面几个问题：

1. 小花猫怒气冲冲地对着镜子时，发生了什么事？

生：镜子里的小花猫也怒气冲冲地对着它。

2. 小花猫和和气气地对着镜子时，又发生了什么事？

生：镜子里的小花猫也和和气气地对着它。

3. 从这个故事中学到了什么做人的道理？

生：要想别人尊重自己，首先要学会尊重别人。

师：同学们回答得真好！尊重是相互的，我们如何待人，别人就会如何待我们，就像照镜子一样。中国有句老话叫"礼尚往来"，讲的就是这个道理，我们对别人有礼貌，别人自然也会对我们有礼貌。现在，让我们一起进入今天的主题班会"校园礼仪对对碰"。

二、聚焦校园礼仪

（一）通过观察图片思考大家为什么不喜欢小锋

师：小花猫在妈妈的帮助下变得讲文明、懂礼貌、会尊重他人了。可是今天老师还带来了一位小朋友——小锋，大家都不喜欢他。请帮助小锋找出原因，并告诉他应该怎么做！

（课件呈现小锋不文明行为的图片，并让学生思考：大家为什么不喜欢小锋？他应该怎么做呢？）

生1：小锋在课桌上乱涂乱画，他应该爱护公物。

生2：小锋碰倒了同学的书，不应该骂同学，应该说"对不起"，还要把书捡起来。

生3：小锋爱给同学起外号，不尊重别人。

生4：小锋乱扔垃圾，不讲卫生，他应该把垃圾扔到垃圾桶里。

生5：小锋把红领巾戴到脖子后面去了，应该尊重红领巾，把红领巾戴好。

生6：课间活动时小锋不应该一个人霸占着篮球，应该和同学们一起玩。

师：同学们都说得非常好！希望小锋能在大家的帮助下成为一个受人欢迎的人。

（二）说一说在校园里怎么做一个讲文明、有礼貌的好孩子

师：同学们喜欢做一个受别人欢迎的人吗？

生：喜欢！

师：那首先就要学会讲文明、懂礼貌。请大家说说，在校园里怎么做一个讲文明、懂礼貌的好孩子？

生1：见到老师、同学主动问好。

生2：不给同学起外号，不骂人，不打架。

生3：不乱扔垃圾，见到垃圾主动捡起并扔到垃圾桶里。

生4：穿戴整洁，正确佩戴红领巾。

生5：当同学有困难请求帮助的时候，不能嘲笑他，并热心地去帮助他。

生6：不能乱踩校园里的草坪，不能摘花、伤害小树。

（三）我是礼仪小天使

师：同学们说得真好！老师发现我们有的同学不仅说得好，而且做得更好！瞧！这不正是我们班的校园礼仪之星吗？（幻灯片展示学生身边的校园礼仪之星）

师：他们都在做些什么呢？

生1：小明在擦走廊墙面的黑印。

生2：小亮在帮助小同学提水。

生3：花花和笑笑在扶正小树苗。

师：他们是我们学习的榜样。但是老师发现我们班不仅有校园礼仪之星，还有很多礼仪小天使！现在就让我们根据抽到的情景卡演一演，看看哪个小组做得最棒！（呈现幻灯片：遇到下面的情况，你会怎么做呢？请演一演）

（让每个小组组长抽情景卡，然后给3分钟进行小组讨论，最后让小组派代表表演）

（学生根据抽到的情景卡进行表演）

师：这些礼仪小天使表演得怎么样？

生：真棒！

师：那我们的掌声在哪里呢？

（师生鼓掌表示赞扬）

师：孩子们，除了掌声，老师还有一件礼物送给你们，大家请看！（呈现《文明礼仪歌谣》）

文明礼仪歌谣

少先队员要做到，讲文明，讲礼貌。

唱着童谣去学校，遇到老师先问好。

同学相见说声早，礼仪常规最重要。

进校要走人行道，不穿操场和跑道。

上下楼梯不乱跑，遵守规则向右靠。

看见纸屑弯弯腰，爱护环境莫忘了。

上课听讲神不跑，积极发言勤思考。

下课不追不打闹，文明玩耍就是好。

同学不能大欺小，团结友爱校风好。

师：下面我们一起来念念这首儿歌，看谁念得最好！

（师生共念儿歌）

三、我们学到了什么

师：同学们念得真好！你们能说说我们今天学习了什么吗？

生：校园礼仪。

师：真不错，那现在老师要来考考大家！

生：好！

（课件呈现关于校园文明礼仪的题目提问学生）

1. 夏天炎热，同学可以穿背心、拖鞋进校。（错）

2. 当老师提问时，学生可以在座位上立即回答。（错）

3. 学生进入老师办公室，应先征得老师同意。（对）

4. 在老师办公室的学生如没有特殊情况，不宜逗留太久。（对）

5. 课前准备不是正式上课时间，所以无关紧要。（错）

6. 遵守课堂纪律是种基本礼貌。（对）

7. 我们进入学校大门和做早操、升国旗时，才需要系上红领巾。（错）

8. 可以对着同学打喷嚏。（错）

师：看来同学们今天的收获可真不少！同学们，古人云："勿以善小而不为，勿以恶小而为之。"文明行为，贵在实践。文明就寝、文明就餐、文明用语、文明交往……看上去都是日常学习、生活中的小事，但真正做起来并不容易。我们每位同学都要少说漂亮话，多做实事，积极参加各种有益的活动，做到举止得体、言行文明、品德高尚、尊敬师长、尊重他人，以自己的实际行动，告别各种不良行为，做一个品学兼优的好学生！下面让我们在愉快的歌声中结束这次主题班会吧！

（播放歌曲《咱们从小讲礼貌》结束班会）

四、课后拓展

1．小组制作一张关于校园礼仪的手抄报。

2．思考：我们除了要遵守校园礼仪，在家庭、社会上还要遵守什么礼仪呢？请大家收集好日常生活中还需要我们去学习的礼仪，下星期的班会课与同学们一起分享。

3月：文明

12. 我最喜欢的人

◎ 广东省连南县民族小学　房雪瑶

[班会背景]

二年级的学生由于年龄小，总体上活泼可爱，好动、好说，但是我们瑶族地区的学生由于从小说的是瑶族语言，对普通话的掌握运用不是那么流利、自如，因此在课堂上与人交流时不够自然、大方，个别学生甚至上课从不与人交流。

[班会目的]

1. 使学生能积极参加讨论，敢于发表自己的想法。

2. 让学生和别人交谈时能做到态度自然大方，有礼貌。

3. 培养学生与人交流的自信心。

[班会流程]

一、班会导入

观看视频《我最喜欢的人》。

师：同学们，老师请你们观看一个视频，请注意，视频中的小女孩最喜欢的人是谁？为什么？（观看完视频请学生回答视频中的小女孩最喜欢的人是谁。为什么？答对的奖励一个大拇指贴画）

师：今天我们班会课的主题是：我最喜欢的人。

二、你最喜欢的人是谁

师：同学们，老师相信在你们的心中，一定有一个你最喜欢的人。那么，同学们最喜欢的人都有谁呢？

生：我最喜欢我的妈妈。

师：你能第一个举手与同学们交流，是个勇敢的孩子，送你一个大拇指贴画！

生1：我最喜欢我的爸爸。

生2：我最喜欢我的爷爷和奶奶。

生3：我最喜欢我的舅舅。

师：你们的回答真响亮。那么，我们最喜欢的人除我们的家人、亲戚外，还有其他人吗？

生：有老师和同学。

师：嗯，真不错，你能记得老师和同学，送你一个大拇指贴画。

生：还有食堂的阿姨。

师：你能记住为我们付出辛勤劳动的食堂阿姨，也送你一个大拇指贴画。

生：保护我们的警察叔叔。

师：你在回答的时候能面带微笑，老师送你一个笑脸贴画。

生1：大街上打扫卫生的清洁工阿姨。

生2：解放军叔叔。

生3：修剪花草的阿姨。

师：真不错，看起来大家都有各自最喜欢的人啊！老师忍不住要为刚刚发言的同学鼓掌，因为你们说得都很棒，你们响亮的发言让老师和其他同学能听得一清二楚，也送你们一人一个小贴画。

三、介绍我最喜欢的人

1.小组讨论交流最喜欢那个人的原因

师：刚才同学们都说了自己最喜欢的人是谁，那么，你是因为什么才喜欢他（她）的呢？

我最喜欢（谁）_____，因为他（她）_____。（四人小组交流）

2.全班交流

师：同学们在小组内交流得非常积极，谁来把小组交流的结果说给全班同学听?

生：我最喜欢我的妈妈，因为她每天晚上给我讲故事。

师：能把喜欢妈妈的理由讲得很清楚，真是个会表达的孩子，送你一个大拇指贴画！

生：我最喜欢我的妈妈，因为她每天帮我扎辫子，给我煮好吃的菜。

师：你妈妈真好，听了你的发言老师也很喜欢你的妈妈。送你一个大拇指贴画！

生：我最喜欢我的爸爸，因为他每个星期天都会陪我踢足球。

师：真不错，你表达得很流利，也送你一个贴画。

生：我最喜欢打扫卫生的清洁工阿姨，因为她把我们的学校打扫得很干净，让我们的学校看起来很美。

师：你能注意到默默奉献的清洁工阿姨，说明你是个善于观察的好孩子，奖励你一个大拇指贴画。

生：我最喜欢我的奶奶，因为爸爸妈妈外出打工，都是奶奶照顾我，煮饭给我吃。

师：你回答得很完整，你真棒！送你一个大拇指贴画。

生：我最喜欢警察叔叔，因为有了他们的保护，我们的生活才安全。

师：你的声音很响亮，发音很清晰！真棒！送你一个大拇指贴画。

生：我最喜欢我的同学小明，因为在学校他陪我玩游戏。

师：同学们可真棒，能够把喜欢的理由讲得很清楚，听的同学也很棒，因为你们在很用心地倾听，没有随意插话，打断同学的发言。

四、我能为最喜欢的人做些什么

师：同学们所喜欢的人都为同学们做了特别多的事情，那么，我们又能为自己最喜欢的人做些什么呢？同桌之间交流。

我想为我最喜欢的_____。

我想帮我最喜欢的_____。

全班交流：

生1：我想为我最喜欢的妈妈倒杯茶。

生2：我想为我最喜欢的奶奶捶捶背。

生3：我想为我最喜欢的妈妈收碗筷，让她不那么辛苦。

生4：我想帮我最喜欢的老师擦黑板。

生5：我想帮我最喜欢的爷爷扫地。

师：是啊，我们的年龄虽然还小，但是也能为我们最喜欢的人做一些力所能及的事，通过同学们的发言，我感受到了同学们那一颗颗纯真的心，能被同学们喜欢的人真的好幸福哦。

五、欣赏儿歌

师：让我们一起来欣赏同学表演的拍手歌《我最喜欢你》

我最喜欢你

你拍一，我拍一，我是真的喜欢你。

你拍二，我拍二，爸爸妈妈我最爱。

你拍三，我拍三，我爱爷爷和奶奶。

你拍四，我拍四，教我学习是老师。

你拍五，我拍五，同学伙伴好相处。

你拍六，我拍六，还有飞鸟和走兽。

你拍七，我拍七，感谢蓝天和大地。

你拍八，我拍八，感谢芳草和百花。

你拍九，我拍九，四海一家是朋友。

你拍十，我拍十，我是一个好孩子。

师：有谁也来试一试这个拍手歌？（邀请感兴趣的学生上台表演）

六、写一封信给最喜欢的人

（让学生在印好格式的小信笺上写，信笺的形状、颜色各不相同）

_____：

　　您好！

　　我想告诉您，您会_____（最喜欢的人为你做的事），所以您是我最最喜欢的人。我也想为您_____。

　　祝您身体健康、快乐！

　　　　　　　　　　　　　　　　　　　_____（署名）

　　　　　　　　　　　　　　　　　　　_____（日期）

七、展示学生所写的信

投影展出学生的小信笺，让学生自己上台读出所写的内容，老师给予鼓励。

同学们，这节课我们一起交流了自己最喜欢的人，同学们也大胆地说出了自己喜欢的理由，有一些平时比较害羞的同学也发了言，老师真为你们的勇气感到高兴，为你们的进步感到骄傲。希望同学们今后能像今天这样在课堂上大胆交流，勇于发言，让自己成为展翅高飞的小雏鹰。

请同学们课后把自己所写的信交给最喜欢的人，让他（她）感受你真诚的心。

4月：传承

13. 清明传家风，故事我来说

◎ 广东省连南县顺德希望小学　周建

[班会背景]

清明节是中华民族的一个重要的传统节日，是祭祖和扫墓的日子，也是郊游踏青的好时节。清明节这个中国传统节日已被列入国家级非物质文化遗产保护名录，还被列入了法定假日，这体现了国家对传统民俗节日的重视。然而，学生虽然热切盼望清明小长假，但据我的初步调查，不少学生对这个节日的民俗意义和相关传统文化知识知之甚少，所以针对二年级的小学生们好奇心、求知欲都十分高涨的心理特征，要求学生从家人、朋友、书本或网络了解清明节的来历、风俗、文化内涵，并在班会课上与同学们分享。

[班会目的]

1. 通过这次主题班会，希望学生能全面正确地了解清明节，深切感受清明节的文化内涵。

2. 通过讲祖辈的小故事，发掘并弘扬祖辈吃苦耐劳的精神，为其点赞，知道我们今天的幸福生活来之不易，我们要努力学习，弘扬家风，传承家风，担负起建设祖国的重任。

3. 通过这次主题班会，增强青少年对清明节扫墓仪式的认同感，热爱民族文化，主动地传承民族文化、弘扬民族文化。

[班会流程]

一、班会导入

古诗导入：杜牧《清明》："清明时节雨纷纷，路上行人欲断魂。借问酒家何处有？牧童遥指杏花村。"

班主任：清明节祭祖扫墓，是中华民族纪念祖先和表现孝道的具体表现。自古以来，清明节扫墓不仅是纪念自己的祖先，在历史上为人民立过功，做过好事的人物，人民都会纪念他们。下周就到了我国的传统节日清明节，为了更好地开展这次活动，我们举办了这次班会。

二、清明节的由来

师：同学们，你们知道清明节是怎么来的吗？

（学生摇头）

师：谈到清明节的由来，其实和一个历史人物介子推有关系。我们一起来看看吧。（播放有关清明节来历的短视频）

三、清明节的习俗

师：同学们，看完之后知道清明节是怎么来的了吧。那么，清明节你做过哪些有趣的活动呢？

（同桌交流）

生：放风筝、踏青、插柳、扫墓。

师：对，大家都说得很对，看来同学们都参加过这些有趣的活动。而最重要的一个仪式，就是扫墓祭祖了。

四、我家祖辈的故事

师：同学们，既然我们已经参加过扫墓祭祖的活动，扫墓祭祖是为了纪念我们的祖先，他们曾经为家族做出过贡献，那么请大家上台分享一下"我家祖辈的故事"，介绍一下祖辈生活和艰苦奋斗的照片或绘画作品。

生：老师、同学们，大家好，我的太祖父是一名解放军战士，他曾经在战场上与侵略者作战，他是一位英雄。在那个年代，太祖父的生活远没有现在这么好，没有粮食，只好吃野菜。有时候野菜也找不到，就只能啃树皮了。虽然很困难，很艰苦，还因为一次打仗，腿受了重伤，不能作战了，但是爸爸说，太祖父还是很坚强地活了下来，还常常跟爸爸讲他的故事。这是我想象中的太祖父打仗的画面……

师：说话有条理，讲得真不错！送你一张"文化传承之星"小奖状！

生：大家好，我的作品是太奶奶在田里干活的样子。妈妈说，以前太奶奶刚生下爷爷的第二天，就马上下地干活了，太奶奶是个十分勤劳的人，那时候家里很穷，什么都要靠劳动来获取，不劳动的话吃了上顿就没有下顿。所以那个时候太奶奶也教会了爷爷基本的劳动技巧，直到爸爸妈妈这一代也是这样。现在爸爸妈妈也经常让我做一些力所能及的家务，说这是一种精神，我们不能忘记祖辈的努力才换来美好生活。

师：你真棒！不仅说到了太奶奶的故事，还分享了自己做家务的经历。你真了不起！送你一张小奖状。

生：大家好，这是我家20世纪70年代时老房子的照片，爷爷曾经告诉我，当时全家就挤在一间黄泥砖房里，那屋子太旧了，如果碰上连阴雨，屋外下大雨，屋内下小雨。在他还是个孩子时，生活很苦，一个馒头，一碗小米粥，就是最好的伙食了，不像我们现在，想吃什么就吃什么。一年到头，全家人都只是围在炉灶前吃红薯干。听爷爷说的时候，我兴奋地说："真幸福啊，还有红薯干吃。"可是爷爷却说："孩子，你啊，哪知道那个时候吃红薯干的滋味呀！虽说是红薯干，其实大部分都是白开水呀，红薯干还得数着一顿饭吃几片。就是这样，爷爷和他的兄弟姐妹还互相推让，舍不得吃……"我捂着嘴笑，直说傻。爷爷说："你们这一代啊，可能永远都不会懂的。"

班主任：住的是黄泥房，吃的是开水加红薯干，但你的爷爷却坚强地生存下来，还养育了你的爸爸，真不容易啊。来，领取一个小奖状，希望你能像爷爷那样坚强，什么困难都不怕。

生：同学们好，我画的内容是在工厂工作的爷爷和奶奶，和爷爷在工地干活的画面。爷爷奶奶以前是工人，刚开始生活还可以，但后来因为一些原因，生活变得越来越困难，有时连吃的也没有。后来爷爷决定去外面闯闯，在工地上干过，也当过小老板，才慢慢有了起色，最苦的时候三天都没有吃过米饭，都是一个馒头吃一天，但是爷爷熬过来了，现在我们家的生活也好多了。爸爸说多亏了爷爷的奋斗，才有了今天的好日子。

二年级 143

班主任：光听你说，老师就知道你的爷爷是个吃苦耐劳的好爷爷，为了全家的生活扛起了一片天，好样的，你要向爷爷学习，也做一个努力奋斗的好孩子。加油！这是老师奖励你的小奖状。

五、革命先烈精神不灭

班主任：大家讲的故事都很感人，确实，先辈们做的贡献实在太多了，说也说不完，但我们要向先辈学习，把他们优秀的精神传承下去。还有许许多多为祖国做出贡献的先烈们，都是我们学习的榜样。接下来，我们来看看这位革命烈士的故事。

（播放革命先烈故事视频）

班主任：看完了视频，我想听听同学们的感想。

生：视频里的叔叔阿姨们太伟大了，没有他们的牺牲，就没有我们今天的幸福生活。我们要经常想起他们，提醒我们要珍惜现在的生活。

班主任：你说得真好，我们要记住先烈的事迹，珍惜生活。还有其他想说的吗？

生：我们以后也要像叔叔阿姨一样，为了把祖国建设好，努力地学习和工作。

班主任：你说得真好，老师相信你，加油。

六、赞歌飞扬，真心点赞

班主任：前辈们都很伟大，所以我们需要一个重大的节日——清明节，来纪念他们。接下来班委要给大家带来一个诗歌朗诵《英雄赞歌》。掌声欢迎。

鲜花，像灿烂的火把燃烧在眼前……

五星红旗，像熊熊的烈焰映红了苍穹……

面对庄严的墓碑，我们心如潮涌；

面对先烈的英灵，我们热泪盈眶……

耳边，仿佛还震荡着激烈的枪炮声；

眼前，好像还弥漫着战斗的浓浓硝烟……

永远不会忘记，身先士卒，革命志士逞英豪；

永远不会忘记，力战顽敌，一片丹心照乾坤。

一个声音高喊着：勇往直前，战斗不息……

是你们，使天空变得晴朗高远；

是你们，使大地变得瑰丽斑斓；

是你们，使阳光变得灿烂辉煌；

是你们，使春风变得和煦温暖。

高亢的国歌在耳边响起，鲜艳的国旗在空中飘扬。

听，革命先烈，鲜红的热血，

谱写的英雄赞歌，是多么的嘹亮，多么激昂……

师：掌声鼓励一下我们的班委，为我们带来了这么动听的朗诵。接下来，我们要把对前辈和祖先的敬仰和我们的心愿，写到小卡片上，然后贴到黑板上的文化传承之树上，让前辈们收到我们的心愿和点赞。好吗？

生：好。（学生书写敬仰语和心愿，读出心声后贴到墙上）

生1：爷爷您真棒，为爸爸和这个家庭付出了那么多，我为您点赞。

我的心愿：希望快点长大，也像爷爷一样努力让家人过得更安稳舒服。

生2：我的点赞：先烈们，你们是最可爱的，没有你们的牺牲，就没有我们的今天。

我的心愿：以后我想要做一个军人，保卫我们的国家。

生3：太爷爷，我为您点赞，您要永远快乐。

我的心愿：太爷爷在天堂要好好的，我们也会好好的，我要好好学习。

班主任：你们真棒，老师也为你们点赞。来，一起把点赞卡片贴到这棵树上吧。让祖辈们收到我们的点赞，听到我们的心愿。

附卡片格式：

我的点赞：
_____

我的心愿：
_____
点赞人：_____

二年级　145

七、班会小结

班委代表：同学们，清明节祭祖扫墓，是中华民族纪念祖先和表现孝道的一个仪式。我们会铭记祖辈先烈的贡献，完成祖辈先烈们未完成的遗愿，努力学习，将来使我们祖国更富强。

祖辈和先烈们的故事，我们记在心里。我知道，我们今天的幸福生活来之不易，是无数革命先烈用生命和鲜血换来的，先烈们的精神永远值得我们学习。先烈们的爱国精神更应在我们身上延续。让我们继承先烈的遗志，为祖国的繁荣富强而努力学习，共创美好明天！

14. 先烈的足迹我寻访

◎ 广东省连南县三江镇中心小学　石玉兰

[班会背景]

二年级的学生年纪较小，活泼好动，对事物充满好奇心，而对清明节这一传统节日的知识了解较少。虽然对一些革命先烈的英雄故事有所耳闻，但是他们对传统文化的感知、对感恩思源的了解却不足。为此，设计了这节班会课，让学生在"寻找先烈的足迹"的系列活动中知道清明节是中国的一个传统节日，懂得自己现在的幸福生活来之不易。

[班会目的]

1. 让学生了解清明节是我国的一个传统节日，了解清明节的传统习俗。

2. 能在各种喜闻乐见的活动中感知今天的幸福生活来之不易，是无数革命先烈用生命和鲜血换来的，先烈们的精神永远值得我们学习。

[班会流程]

一、古诗导入

师：小朋友们，你们喜欢读古诗吗？

生（齐）：喜欢。

师：今天老师给大家带来了一首诗，我们一起来读读吧。（课件出示古诗）

清明

〔唐〕杜牧

清明时节雨纷纷，路上行人欲断魂。

借问酒家何处有？牧童遥指杏花村。

（学生齐读）

师：大家知道这首诗写的是什么节日吗？谁来说说？

生：我知道，是清明节。

师：你真聪明，老师给你一个赞！（竖起大拇指）那你们知道这个节日是怎么来的吗？

生：不知道。

师：那我们一起来了解一下，请看视频。

二、话清明

播放视频《清明节的由来》flash片段。（学生观看）

三、清明习俗话你知

师：小朋友们，看了视频，相信大家都知道清明节是我国的一个传统节日。那你们知道它有哪些传统习俗吗？老师课前已让大家自主收集了相关资料，现在请你们与同伴们分享一下。

（学生在组内与同伴分享、交流）

师：刚才大家与同伴们交流得很认真，老师给大家一个赞。（竖起大拇指）那你们愿意把你们知道的与全班小朋友一起分享吗？

生（齐答）：想。

师：好，每个小组派一名代表说一说。

生1：踏青、放风筝、荡秋千、蹴鞠、插柳、斗鸡。

生2：扫墓祭祖……

师：发言的小朋友们都很棒！我们把掌声送给他们！

师：刚才有个小朋友说到清明节有个很重要的习俗是祭拜祖先。其实，我们不仅要去祭拜祖先，更要去祭拜用生命和鲜血为我们换来幸福生活的无数革命先烈。

四、先烈足迹我寻访

师：小朋友们，相信在你们成长的过程中，一定听过许多革命小英雄的故事。你们能给大家讲一讲吗？谁先来？

生1：我先来。我讲的是小英雄雨来的故事。

在抗日战争时期，晋察冀边区的一个小村庄里有一个叫雨来的孩子，雨来的游泳水平很高。一天，雨来的爸爸妈妈都出去了，雨来正趴在炕头看识字课本，突然，交通员李大叔来到他家，李大叔后面跟着一群鬼子。李大叔匆忙跳进事先挖好的缸下的洞里。雨来急忙用尽全身的力气把缸挪回原处，然后往外跑，刚跑到客厅，鬼子进来了，雨来连忙往后院跑，可没能逃走，被鬼子抓了。雨来拒绝了鬼子的哄骗和利诱，在敌人的威胁、毒打下不屈服。鬼子无可奈何，气急败坏地把雨来拉到河边执行枪毙。河边响起了枪声，村民们听见枪声都哭了……等鬼子走后，雨来从水里爬上岸，雨来还活着。原来枪声响起之前，雨来趁鬼子不备，一头扎进河里游走了。雨来真是一个当之无愧的小英雄。

生2：我接着为大家讲的是海娃的故事。

12岁的龙门村儿童团团长海娃每天一面放羊，一面放哨，监视着离村不远的敌人的据点。一天，炮楼里的鬼子进山去抢粮食了，只剩下"猫眼司令"和几个鬼子兵。民兵中队长老赵画了一张攻打炮楼的路线图，并写了一封信准备把它交给八路军张连长。老赵把送信的任务交给了儿子海娃。海娃一看信封上面插了鸡毛，知道十分重要，就赶着一群羊作掩护送信去了。没想到，海娃在山沟里碰到了鬼子，他灵机一动，把鸡毛信拴在了"老头羊"的尾巴里，瞒过了鬼子小队长。一路上海娃受尽了折磨。深夜，海娃好不容易从睡得像死猪一样的鬼子的腿缝里溜了出来。他赶到羊圈里，小心地把鸡毛信取了下来，一口气跑了几里路。后来伪军追来了，海娃又被他们抓回去。他把鬼子带到了一条山路上，鬼子的骡马不能爬陡峭的山坡，海娃乘机拼命往山上爬，愈爬愈远，鬼子开枪打中了海娃的手。海娃忍着疼拉开嗓子喊："八路军叔叔……"就这样，海娃经过千辛万苦终

二年级　149

于把鸡毛信交给了张连长。

生3：我给大家讲的是小兵张嘎的故事。

故事发生在白洋淀。嘎子的梦想是参加八路军，并想得到一把属于自己的"真家伙"——手枪。后来，嘎子在鬼子的一次扫荡中，目睹了奶奶为了掩护八路军老钟而牺牲，嘎子下定决心要替奶奶报仇，并上县城去找罗金保。嘎子在县城找罗金保的过程中结识了佟乐，可嘎子不仅没报仇，反而陷入了鬼子的追杀。幸好在佟乐和罗金保的帮助下，嘎子脱离了险境。罗金保将嘎子带回区队，钱队长收留了嘎子，嘎子十分开心。紧接着区队和八路军与鬼子打了一场挑帘战，嘎子获得一把"真家伙"，却被钱队长没收了，嘎子很生气。后来嘎子、佟乐和胖墩又认识了新伙伴玉英，还无意中发现了鬼子的计划，于是他们四人行动了起来，最后粉碎了敌人的计划，而且还救出了钟亮，队长代表部队给了嘎子一把真枪。嘎子终于成了一名优秀的小侦察员。

师：你们很了不起，能声情并茂地给大家讲述自己熟悉的小英雄的故事。今天老师也给大家带来了另外一个小英雄的故事，请看《放牛娃——王二小》的故事。
（课件播放视频）

（学生观看）

师：听了和看了以上几个小英雄的故事，大家有什么感受呢？
生1：雨来很机智、勇敢。
生2：海娃很聪明，遇到鬼子会想办法。
生3：王二小，很可怜、很惨。不幸被鬼子杀害了。小鬼子太残忍了。
师：老师也与你们感同身受。正是这些英勇无畏的英雄们用他们的生命与鲜血换来了我们今天的幸福生活，所以我们应该好好珍惜这来之不易的幸福生活！

五、情感升华

师：孩子们，刻在石头上的历史可能随着时间的流逝而渐渐消失，但刻在人们头脑中的记忆却永远清晰；有形的纪念碑可能会垮掉，但人们心里的纪念碑却永远屹立；我们不会忘记，我们怎能忘记先烈们的丰功伟绩！下面请和老师一起去祭奠一下我们的革命先烈们吧。

1. 清明网络祭扫活动。

打开"中华清明网"，进入"中华英烈纪念馆"界面，全班起立，播放哀乐，全体肃立，默哀三分钟。

2. 诗歌朗诵——《请英烈们放心》。

师：先烈们的故事，我们永记在心。我们知道，今天的幸福生活来之不易，是无数革命先烈用生命和鲜血换来的，先烈们的精神永远值得我们学习；先烈们的爱国精神让我们动容，更应在我们身上延续。我们一定会踏着先烈们的足迹，继承先烈们的遗志，为祖国的繁荣富强而努力学习，为圆中华民族之梦奋发图强！请英烈们放心！

集体朗诵诗歌（配乐）——

请英烈们放心

千千万万英烈，我们心中的丰碑，我们无限崇敬的先辈。

我们决心向你们学习，继承你们的遗志，发扬你们的精神。

假如我是一束阳光，我愿发出强烈的光热。

假如我是一滴泉水，我愿解除大地的干渴。

假如我是一把泥土，我愿育出苗壮的禾苗。

假如我是一滴石油，我愿催动飞驰的列车。

假如我是一支彩笔，我愿绘出美丽的景色。

假如我是一根琴弦，我愿奏出时代的赞歌。

请英烈们放心吧！

今天，我们一定勤学苦练；明天，我们要挑起建设祖国的重担。

人民的利益高于一切，这就是中国少年先锋队的誓言。

六、活动小结

师：孩子们，今天的这节班会活动，不仅让我们深刻了解到清明节的来历和传统习俗，还让我们知道了一些为祖国、为人民抛头颅洒热血的革命先烈的英雄事迹。我们要谨记：今天来之不易的幸福生活，是无数革命先烈用生命和鲜血换来的，先烈们的精神永远值得我们学习。希望你们踏着先烈们的足迹，继承革命遗志，发扬先烈们的革命精神，为实现中华民族的伟大复兴而努力学习！

七、活动拓展延伸

1. 自己动手制作一些小白花、小黄花，为清明节祭扫革命烈士墓做准备。
2. 写一篇关于清明节祭扫祖先的日记。

5月：欢乐

15．我的欢乐童年

◎ 广东省连南县顺德希望小学　莫燕玲

[班会背景]

都说童年是快乐的，但是现在的学生却不这样认为，没完没了的作业，无处不在的监督，东跑西跑的补习课，都是学生心中说不完的痛。不要小看二年级的学生，老师要学会引导，让学生正确理解什么是快乐，什么样的童年才是最有意义的。

[班会目的]

1. 让学生敢于分享快乐，增进了解，促进交流。

2. 引导学生在学习和生活中寻找快乐，培养学生的学习习惯与提高学生的学习兴趣。

3. 养成良好的班风班貌，疏导学生的心理问题。

[班会流程]

一、什么才是欢乐童年

师：同学们，什么是童年？什么样的童年才是欢乐的？

（学生摇头）

师：这是课余老师拍下的你们在一起开心游戏的一刻。现在你们可以说说什么样的童年才是欢乐的了吗？

生：我觉得欢乐的童年应该是和同学们一起学习、一起玩游戏。

师：你说得真棒！老师为你点赞！老师觉得你说得很好，老师送你一面小红旗奖励你的勇敢讲述。

生1：我觉得欢乐的童年就是和班上的同学一起玩老鹰抓小鸡，我觉得那样很开心。

生2：我觉得下雨天在外面踩水很好玩。

师：你们真会说，下雨天能跑出去玩水吗？

生（齐说）：不能！

师：嗯嗯，真不错，你说说为什么不能。

生：因为下雨天跑出去踩水会把衣服弄湿，会生病的。

师：你反应真快，说得也很对！下雨天是不可以出去的，你生病了，要去医院打针吃药，那你的童年还会快乐吗？××同学说得真好！老师也送你一个爱心贴画。

师：真不错，看起来大家已经明白什么样的童年才是快乐的了。老师也送你们一人一个小贴画。其实我们现在在一起学习、一起成长，也是我们以后回忆小学欢乐童年的一部分呀！

二、观赏视频，分享欢乐

（教师出示视频和照片）

师：刚才咱们看了我们以前一起学习和游戏时的照片和视频，除了这些，哪一位同学还能说说在你们身上发生的好玩的有趣的事？同桌之间相互谈论一下，待会儿请同学说。

生1：我和隔壁家的玩伴一起玩踢毽子，开始我们两个人玩，后来好多人跑出来和我们一起玩，我觉得很开心，很有趣！

生2：有一次，我们村里的几个好朋友一起在地上玩踢小房子的游戏，我觉得很好玩！

生3：妈妈带我去乡下种田，脚上都是泥巴，可好玩啦！

生4：我觉得和爸爸妈妈在一起最开心，因为他们过年难得回来一次，我很珍惜和他们在一起的时光。

师：同学们说得真好，××同学说得真情流露，老师感受到了你们的欢乐、你们的幸福，老师希望这些美好的回忆能永远地存放在你们的心里。老师都被你们的故事感动了，每人送一个小贴画，感谢你们的美丽分享。

三、了解童年岁月，珍惜幸福时光

师：同学们，既然我们已经了解了欢乐的童年是怎样的，那么接下来我们一起去看看在战争时期出现的几位小英雄，看看他们的童年是生活在怎样的环境里的。好了，同学们带着你们神奇的双眼跟我一起走近他们，了解他们吧！（配影视作品，加强学生印象）

师：同学们有什么想要对张嘎和雨来说的？谁来说说呢？

生：他们生活在战火纷飞的年代，吃不饱穿不暖，他们好可怜，他们的童年一定是担惊受怕的。

师：你回答得真不错！老师送你一个顶呱呱贴画！

生：敌人一来，他们又要躲避，又要逃跑，他们生活得很辛苦……

师：你真棒！他们不仅要活命，还要替八路军送情报。老师送你一个小贴画加以奖励。

生：老师，我觉得我现在的生活很幸福，不用担心打仗，不用担心没有饭吃，不像张嘎和雨来那样，整天要担心敌人进村干坏事！我觉得我应该珍惜现在的生活！

师：真不错，你一定是个懂得珍惜生活的有心人！老师也送你一个贴画。同学们说得真好，我们的童年的确应该是欢乐的，但是也不应该忘记历史上那些英烈给我们创造的幸福生活，让我们一起带着感恩的心去学习，去生活，不辜负自己的童年。

播放歌曲《感恩的心》完成本次主题班会。

四、班会延伸

1. 算一算：我和爷爷的童年费用知多少？

2. 比一比：我和爸爸的童年有什么不一样？

3. 写一写：幸福童年我成长。（小短文、诗配画等）

5月：欢乐

16. 再见，二年级！

◎ 广东省连南县淳溪小学　曾苑玲

[班会背景]

对于二年级的学生来说，同学之间已经相处两年了，在这两年的时间里，他们一起玩耍，一起学习，一起参加各项集体活动，一起拿奖，一起用小脚丫印下许许多多的回忆。即将升入三年级的他们，既有回忆，又有对三年级的向往。

[班会目的]

1. 使学生感受到集体的温暖，培养他们的集体意识。

2. 在回忆中寻找与同学相处的方法。

3. 展望三年级，为过渡到三年级作铺垫。

[班会流程]

一、班会导入

做个小游戏：反向动作。

师：在上课之前，老师请同学们以小组为单位，玩个小游戏，请小组长起立，开始说"大西瓜"或"小西瓜"。如说"大西瓜"，下一个组员双手必须比作小西瓜的样子；如说"小西瓜"，下一个组员双手必须比作大西瓜的样子。接下来相邻的下一个学生要和上一个说的相反，例如前一个学生说的是"大西瓜"，下一个学生必须说"小西瓜"，以此循环反复。中间做错了的需整组重新开始。说的和做的必须是相反的，并且不能和前一个学生说的相同。用时最少的小组获胜！

师：老师想请两个小组进行比赛。比一比，看看哪个小组更快。

师：同学们，哪个小组更快？

生：第二小组。

师：同学们，他们为什么能赢呢？你看他们配合得多好，多默契呀！所以，他们组以最快的速度赢得了比赛，这就是集体的力量，请再次给他们热烈的掌声。

（奖励积分卡）

师：同学们，你们想得到积分卡吗？那请同学们在接下来的班会课中好好表现，看看最后获得积分最多的是哪个小组，哪个小组就是今天的小冠军。

二、同学，你好

（视频欣赏，把同学们集体活动、课间活动等的照片做成一个视频）

师：同学们，说说你在视频中看到了什么。

生：我和彤彤在教室里看书。

师：嗯，看你们看得多认真，书本一定很好看吧！下课后能告诉老师你们看的是什么书吗？老师也好想看啊！哪位小朋友再来分享分享？

生：老师，我看到我和涛涛、彤彤还有其他同学一起跳舞。

师：你观察得真仔细！看，你们多帅气啊！你们还一起拿奖了呢！跳得多好啊！

生：老师，我看到我和萱萱一起跳绳。

师：对呀！看你们玩得多开心啊！配合得多好呀！你们一定是很好的朋友，对不对？

师：同学们，这就是我们的同学，我们的朋友，正因为我们一起手拉着手，才共同建造了一个温暖的班级；正因为我们互相帮助，团结积极，我们才能一直不断前进。

三、谢谢你，我的朋友

1. 现在请同学们观看一则小视频，说说你在视频中看到了什么。

生：我看到一个小男孩把作业给另一个小男孩抄，被小女孩看见了，制止他们。然后，她让这个小男孩教抄作业的小男孩，她自己帮小男孩扫地。

师：你观察得真仔细，老师相信你也会像小女孩一样，是一个有爱心的好孩子。

生：我看到一个小女孩帮助那个小男孩扫地。她真是个有爱心的好孩子。

师：老师觉得你也是个特别有爱心的孩子，老师可看到你经常帮助同学哦！

师：在集体中，我们总是接受同学们的帮助，可你们是否还记得下面这些场景呢？

2．欣赏图片。

总结：亲爱的小朋友们，我们的集体离不开团结，唯有我们互相帮助，才能让集体变得更加温暖。

3．谢谢你，我的朋友。

师：同学们，我们不知不觉已经长大，即将离开二年级了。请同学们想一想，谁帮助过你？让我们大声地说一句谢谢，感谢他一年来对你的帮助吧！

生：有一次，我手弄伤了，彤彤帮我拿凳子，谢谢你。

师：彤彤真棒，老师也知道她是个乐于助人的好孩子。

生：有一次，我练习题不会做，萱萱教我做完了练习题。

师：萱萱真是个负责任、有爱心的小组长，为了让组员完成作业，自己主动帮助同学，真棒！

生：有一次，思思帮我做作业。

师：同学们，你们觉得思思这样子帮助同学对吗？

生：不正确，不能帮他人做作业。

师：那么我们该怎么做呢？

生：应该教他人做。

师：面对不会做作业的同学，我们应该教他做作业，而不是帮他做。思思，你知道了吗？

生：嗯，我知道了。

四、你好，三年级

师：同学们，我们在不知不觉中已经渐渐长大，在这一年里，我们感受着同学的帮助、集体的温暖，我们认识了许许多多的朋友，很快我们就要跟二年级说再见，进入三年级了。同学们，你们想象中的三年级是怎样的呢？

生：我会参加很多很多的比赛。

师：嗯，老师相信你还能拿很多很多的奖品呢！

生：我跟萱萱一起坐，然后我们一起拿优秀小组。

师：看来你们真的是非常好的朋友哦！一起拿奖，多开心啊！

生：到三年级，我还要交更多更多的朋友。

师：你经常帮助同学，老师相信每个人都愿意跟你交朋友。

生：到了三年级，我要学会写毛笔字，我要看很多很多的书。

师：老师好想看看你写的毛笔字呀！改天把你的作品给老师看看，好不好？

师：同学们，我们对三年级都有不同的期待，接下来的时间，请同学们把理想中的三年级画出来。（展示学生作品）

今天我们还有幸请来了三年级的哥哥姐姐，让他们给我们介绍一下三年级的学习生活。（请来的学生代表介绍三年级的学习生活）

三年级充满了挑战，我们一起来迎接吧！

五、再见，二年级

师：同学们，在你们的画中，老师看到了一个温馨的班集体，老师多想待在这样一个班集体里呀！面对那么温暖的三年级，你有什么愿望吗？给未来许下一个祝福吧！

同学们，今后就让我们一起手牵着手，开心快乐地走过二年级，向三年级说一句：你好，三年级！

请同学在课下画一幅"温馨的班集体"的画。

6月：远足

17. 小脚丫走四方

◎ 广东省连南县三江镇中心小学　彭翠莲

[班会背景]

我们常说："读万卷书，行万里路。"暑假即将来临，让孩子们走进大自然，寻找植物的美丽、动物的可爱，读好大自然这本无字之书，不仅可以开阔孩子们的视野，扩展孩子们的知识，增长见识，陶冶情操，培养健康的兴趣爱好，还可以用一双善于发现美的眼睛和一颗热爱生活的心，发现美、感悟美，继而创造美。

[班会目的]

1. 为童年着色，发现美、感悟美，继而能够创造美。

2. 有礼貌地听别人说话，并对自己和他人的表述进行简短的评议。

[班会流程]

一、导入

1. 观看《美丽中国》剪辑视频。

2. 我们拥有这么多美丽的地方，同学们想不想去玩呢？

二、活动一：闯一闯

1. 今天老师带大家去郊游，你们想和我一起去吗？若想去玩，就要过四关，聪明勇敢的同学们来吧！

2. 第一关：猜一猜。

（1）播放流水声、下雨声、鸟叫声、刮风声等。

(2) 你有一双最灵敏的耳朵，猜一猜，这是什么声音?

(3) 过渡语：你的耳朵真灵敏，生活中的声音还有很多，你还听到过哪些美妙的声音?

3．第二关：摸一摸。

(1) 出示树叶、鹅卵石、花等。

(2) 你的双手最能干，摸一摸就知道这是什么。

(3) 过渡语：你的双手功能很好，生活中的物品繁多，真是琳琅满目。

4．第三关：闻一闻。

(1) 出示橙子、树叶、苹果等。

(2) 你有一只灵敏的鼻子，能闻出来这是什么味道吗?

(3) 过渡语：你的鼻子真厉害，能闻到这么多的香味!

5．第四关：看一看。

(1) 出示前三关的物品。

(2) 你看到了什么? 它是什么颜色的? 又是什么形状?

(3) 师小结：恭喜同学们，我们一起顺利闯过了四关，让我们带着我们的手、耳、眼、鼻，带着我们的心，一起去欣赏生活中的美，去尽情玩耍吧! (欣赏各地图片：南国花草，北国风光，西北美景，东部大海；活动：摘草莓，草地打滚，游泳，登山，打雪仗，放风筝，挖笋，植树等)

三、活动二：炫一炫

1．小组内展示旅游相片，介绍自己游玩过的地方或做过的事情。

2．有礼貌地听别人说话，并对自己和他人的表述进行简短的评议。

3．推荐同学全班展示。

4．谈感受：听了同学们的介绍，感觉怎么样啊? 你这会儿想干什么?

四、活动三：画一画

1．是啊，一年四季，大江南北，给我们的生活带来了很多欢乐，为我们的生活增添了很多色彩。暑假就要来临了，你打算去哪儿呢? 会做些什么活动呢?

2．请同学们把你想去的地方或想做的事情画下来吧。

3．学生画画。

4．展评。

五、教师小结

同学们，我们的生活不仅仅只有学习，还有诗和远方。今天用我们的眼、耳、鼻、手，用我们的心感受了生活中那么多的快乐，让我们真切感到了生活的美好和绚丽多彩。以后有时间，我们要和家人，一起去领略祖国的大好河山。

6月：远足

18. 家乡小导游

◎ 江苏省扬州市江都区浦头中心小学　郭蕾

[班会背景]

"天下三分明月夜,二分无赖是扬州。"扬州作为一座拥有2500年历史的古城,历史悠久,文化璀璨,商业昌盛,人杰地灵,有着"淮左名都,竹西佳处"之称,又有着"中国运河第一城"的美誉。作为一名扬州的小学生,我们感到既骄傲又自豪。今天,我给大家做导游,介绍一下扬州的美景、文化,关键还有好吃的美味,弘扬扬州文化,让更多的人来扬州做客并爱上这座城市,使扬州走向全国,走向世界,同时激发学生爱家乡之情,为家乡的发展增光添彩。

[班会目的]

1. 介绍扬州的历史和文化景点,让学生对自己的家乡有更深一层的了解。

2. 通过导游实践提高语言表达能力和胆量,通过与游客交流提高交往与合作能力。

3. 在景点介绍中,培养学生爱祖国、爱家乡的情感,使学生逐步形成积极的人生态度和正确的价值观,提高学生的审美情趣和艺术品位,增强社会责任感。

[班会流程]

扬州这几年的变化是有目共睹的,来扬州旅游的客人都夸扬州的变化日新月异,说扬州已从昔日的小家碧玉长成今日的大家闺秀,变得更加成熟、端庄、秀丽、典雅,更加宜居。作为扬州人,我们骄傲。我宣布"家乡小导游"主题班会正

二年级　163

式开始。

一、活动导入

主持人甲：敬爱的老师！

主持人乙：亲爱的同学们！

合：大家下午好！

主持人甲：扬州环境宜人，景色秀丽，是联合国人居奖城市、全国文明城市、中国温泉名城。

主持人乙：这里有中国最古老的运河，汉、隋帝王的陵墓，唐、宋古城遗址，明、清私家园林，众多的人文景观，秀丽的自然风光，丰富的旅游资源，多少年来吸引了大量的中外游客。

主持人甲：作为扬州人，我们骄傲。今天，我们一起来给扬州做一次导游。

主持人乙：下面我宣布二（4）班"家乡小导游"主题班会现在开始。

二、了解家乡

1. 我的家乡美如画——景点介绍。

主持人甲：活动第一部分——景点介绍。

主持人甲：表弟你好！我早就邀请你来做客，你一直没来，今天怎么有时间到我们这里做客了？

主持人乙：早就听说扬州是个好地方，我想一定会有它的特别之处，因此趁着假期我就来了。你可要给我当导游哦！

主持人甲：可以，不过，我这个导游不专业，我给你找专业的导游怎么样？

主持人乙：有专业的，那当然好！我有好多问题呢？

主持人甲：别急，别急，你跟我来。看！这里是小导游培训班结业考试，现在你可以像考官一样向他们提问。

主持人乙：请问，你们家乡有哪些旅游景点？

队员1：瘦西湖是扬州雍容华贵的象征，也是初到扬州不能错过的景点之一。瘦西湖的美在于蜿蜒曲折，似修长清丽的窈窕淑女，以"瘦"为特征。湖面时宽时窄，两岸林木扶疏，园林建筑古朴多姿，漫步于瘦西湖畔，万般诗情画意尽现其中。

队员2：个园，春夏秋冬四季的景色可以同时观赏到，是园中最具特色的一景。个园建于清嘉庆年间，是当时两淮盐业商总黄至筠的私人园林。以竹石取胜，连园名中的"个"字，也是取了竹字的半边，迎合了庭园里各色竹子。园内的假山更是号称"四季假山"，游园一周如历春夏秋冬四季，是扬州园林中最具特色的一景。

队员3：京杭大运河是世界上最长的人工河，纵贯南北，是一座沟通中华民族两千多年文明的桥梁。运河扬州段是大运河最古老的一段。扬州古运河水质清澈，穿城而过，沿岸古迹林立，风土人情独特有趣。东关古渡为扬州古运河的一个景点。在古代，该处为京杭大运河的一个渡口。现如今该处已开发为扬州古运河的一个著名的景点，是人们旅游休憩的一个好去处。现如今扬州的古运河已经过全面的修整，形成了一个水上旅游线，而东关古渡是该游览线的终点。

队员4：还有大明寺……（依次出示幻灯片）

主持人甲：太多了，说一天也说不完。不介绍了，只是告诉你，扬州不仅名胜古迹，还有许多特色文化，你想不想听？

主持人乙：快说说吧。

2. 我的家乡有特色——扬州三把刀。

主持人甲：活动第二部分——特色介绍。

队员5：扬州三把刀是扬州市汉族传统手工艺品，即天下闻名的扬州厨刀、修脚刀、理发刀。三把刀在扬州人手中不仅是一门技术，还是一门艺术，成为独具地方特色的扬州文化的一部分。

队员6：厨刀，扬州菜刀是声播全国、享誉世界的淮扬菜的代名词。淮扬菜烹饪技艺以精工细作著称，案上功夫主要体现在严谨规范的刀功上。扬州厨刀工艺讲究，用起来得心应手。

扬州菜刀下的切配：1.5厘米厚的豆制干劈成24片，进而切成干丝，薄如纸，细如线，匀如发。扬州厨刀下的食雕更是"纤锋剖出玲珑雪，薄质雕成宛转丝"。花草、禽兽、风景、人物、典故，精雕细刻得逼真生动，情趣盎然，不足盈尺的食盘中，个个都是凝固的画、咀嚼的诗。

队员7：修脚刀，扬州修脚刀的招牌像一张名片，无论出现在全国哪个城市的浴池门口，都清楚地表明了它的含金量。扬州修脚刀有五种：口窄轻便的平刀（修刀、轻刀），厚而坚的锛刀（枪刀），嵌趾刀（条刀），刀薄柄扁的铲刀（片刀）和刮刀。全套刀又分为大、小两套，大套12把，小套6把。刀型不同，用途各异，修脚师操刀上阵，或撕胼胝，或挖鸡眼，或修嵌甲、残甲。由技而医，由技而艺，代代相传，极具功力。扬州的修脚刀加上修脚师的精湛技艺，真的是各种脚病的克星，是趾甲的保护神。

队员8：理发刀，扬州理发刀曾被乾隆皇帝"御赐一品刀"。乾隆皇帝六下江南、六游扬州时，剃头理辫用的就是扬州理发刀。每次剃头、修面、刮胡子，扬州理发师独到细腻的刀功，轻柔柔，绵酥酥，如春风拂面，似鹅毛撩心，使他受用得此身不知何处去，已随剃刀游九霄。扬州剃头刀，刀身约长三寸，脊厚刃薄，刀柄木质，中间有枢纽相连，便于理发师的手指在运刀的方向、角度、劲力、速度上准确把握。

依次出示幻灯片。

主持人乙：这么厉害，可惜我还是小学生，要不我也想试试这三把刀的厉害。

主持人甲：三把刀，有的是你现在不能尝试的，但扬州的美食让你尝了就不想走了。

3. 舌尖上的记忆——扬州炒饭。

主持人甲：活动第三部分——美食介绍。

队员9：扬州炒饭又名扬州蛋炒饭，原流传于民间，相传源自隋朝越国公杨素爱吃的碎金饭，即蛋炒饭。隋炀帝巡视江都（今扬州）时，随之也将蛋炒饭传入扬州，后经历代厨坛高手逐步创新，糅合进淮扬菜肴的"选料严谨，制作精细，加工讲究，注重配色，原汁原味"的特色，终于发展成淮扬风味有名的主食之一。欧美、日本、中国香港等地的扬州风味菜馆，也纷纷挂牌售此美食，颇受欢迎。扬州的蛋炒饭，风味各异，品种繁多，有"清蛋炒饭""金裹银蛋炒饭""月牙蛋炒饭""虾仁蛋炒饭""火腿蛋炒饭""三鲜蛋炒饭""什锦蛋炒饭"等。

队员10：扬州高邮湖大闸蟹是江苏省扬州市高邮市的特产。高邮湖湿地拥有丰富的生物资源，最为突出的要数高邮湖大闸蟹，纯天然，堪称天下一绝。来高邮游玩，必观湖光，观湖光，必吃大闸蟹。

队员11：江都河豚，长江江岸线长达40.8公里，沿江一带产河豚。据《药典》载：河豚，古称侯鲐，多生于水之咸淡相交处，小口大腹，无鳞，触之则胀大如球，能补虚、祛湿。

主持人甲：还有扬州狮子头、蟹黄肉包……

主持人乙：这么多好吃的，我现在就想吃。

主持人甲：别急，我们小导游还给你准备了精彩的节目，我们边吃边欣赏。

三、家乡特色文化展示

1．《拔根芦材花》小合唱。

主持人甲：扬州的小调也挺有味道吧！

2．诗歌朗诵《爱我家乡》。

主持人甲：下面欣赏诗歌朗诵《爱我家乡》。（省略诗歌内容）

主持人乙：扬州的环境确实好，你们有什么行动要告诉全世界，身为扬州人，怎么保护你们的家乡，让更多的人爱上你们的家乡呢？

主持人甲：家乡环境保护倡议书。

3．代表宣读家乡环境保护倡议书。

四、班会小结

主持人甲：我觉得，想看扬州这几年的变化，看交通变化，你最好去看润扬大桥，看火车站，看川流不息的交通路况；看城市面貌变化，你可以看双东老城区，看古运河风光带，游一下扬州主要景点，通过这一切你会更深刻地感受到扬州的巨大变化。今天的小导游，你还满意吗？

主持人乙：扬州真是一座美丽的城市，趁着假期，我一定好好玩玩。小导游就请二(4)班的小朋友了，你们愿意吗？

五、班会延伸

请同学课后再收集扬州还有哪些历史景点、文化特色，讲给身边朋友听，发到网上，让更多的朋友知道扬州，爱上扬州，都来扬州做客。

我有一个梦想（代后记）

班主任工作是我教师生涯的重要组成部分，当我沉醉于这一"广阔天地"之时，逐渐萌发了终身从事班主任工作实践与研究，为"班主任学"的建立添砖加瓦的梦想。

为此，从2005年开始，我和身边的班主任组建了"8+1工作室"这一班主任工作研究的民间基层学术团队，并在走遍全国的讲学活动中吸引了很多同行一起从事这一伟大事业。我们紧紧围绕中小学班主任工作所需，边实践，边记录，边研讨，边整理，编写班主任工作书系的想法越来越强烈。

我在实践基础上提炼了班主任必修12课——日常管理、文化建设、特殊学生、管理队伍、活动组织、主题班会、家校共育、沟通艺术、心理辅导、案例分析、课程开发、专业成长等。为此，我在广泛阅读提炼的基础上撰写了一组文章解读这12个主题，每个主题追溯历史发展脉络，提炼核心内容，提供文章和书单，指引学习实践方法，力争钩织出班主任专业成长路线图。

同时，我在指导全国各地"班主任工作室建设实验校"过程中，浏览了数百本班主任书籍，遗憾的是，我发现适合做"教科书""参考书"的数量有限，远远满足不了全国450多万班主任们学习的需要。于是，我着手围绕这12个主题编写班主任读本。

2015年，"8+1工作室"启动了"中小学班会教学参考书"的编写计划，2016年9月，我主编的《高中系列班会课》（三卷）出版。但同时启动的《初中系列班会课》《小学系列班会课》的编写却进行得曲曲折折。

在本书编写过程中,我得到了"8+1工作室"伙伴们的鼎力支持,伙伴们提供了许多实践案例。江苏扬州卜恩年老师长期奋战在小学班主任岗位,对小学教育情有独钟,我们合力搭建《小学系列班会课》的框架,带领团队伙伴们奋斗了两年,终于准时交稿。

借本套书出版之机,向一直支持我、关心我成长的前辈丁如许、张万祥、唐云增、迟希新、李镇西、张国宏、熊华生、魏强等老师表达真诚的敬意!向给我班主任工作研究以很大启发的班主任工作研究专家王立华、陈宇、李家成等朋友表示感谢!还有我众多同行的伙伴们,感谢你们的鼓励与帮助,让我们一起为中国的"班主任学"的建立而共同奋斗!

秦望